Das Lächeln des Weisen

Aus dem Französischen übersetzt
Originaltitel:
»LE RIRE DU SAGE«

ISBN 2-85566-922-7

ISSN 0290-4187

ISBN 978-3-89515-086-9

2. Auflage

Druck 2023: Interpress, Ungarn

Omraam Mikhaël Aïvanhov

Das Lächeln des Weisen

Reihe Izvor – Band 243

PROSVETA VERLAG

Inhalt

Da Meister Omraam Mikhaël Aïvanhov seine Lehre ausschließlich mündlich überlieferte, wurden seine Bücher aus stenografischen Mitschriften, Tonband- und Videoaufnahmen seiner frei gehaltenen Vorträge erstellt.

Kapitel 1

Der Weise lebt in der Hoffnung

Im Laufe eines Tages begegnen wir unterschiedlichen Personen, und es ist interessant, manchmal sogar amüsant, zu beobachten wie sie sich über die Ereignisse oder das Dasein im Allgemeinen äußern. So sind manche nur damit beschäftigt, alles breitzutreten, was schlecht läuft und was ihrer Meinung nach weiterhin schlecht laufen wird oder eher noch schlechter; andere hingegen bemerken und merken sich nur das, was gut und ermutigend ist, und sie machen beständig Fortschritte, wobei sie ausrufen: »Wie schön ist doch das Leben!« Die einen bezeichnet man als Pessimisten, die anderen als Optimisten.

Für den Pessimisten gibt es das ganze Jahr über nur wolkenverhangene und regnerische Tage, die immerhin, wie er zugibt, von ein paar Sonnenstrahlen schwach erhellt werden. Für den Optimisten hingegen gibt es überhaupt nur sonnige Tage, von gelegentlichen, wohltuenden Schauern unterbrochen. Man präsentiert einem Pessimisten ein Projekt? Er sieht sofort einen Berg von Hindernissen, die der Verwirklichung im Wege stehen werden. Der Optimist hingegen akzeptiert jedes neue Projekt mit Begeisterung, überhört die Einwände, die man ihm darlegt, und sieht das Projekt sofort zur größten Zufriedenheit aller verwirklicht. Der Pessimist fühlt sich immer von Krankheit bedroht und denkt beim geringsten Unwohlsein schon ans Krankenhaus und sogar an den Friedhof. Er hat natürlich schon sein Testament gemacht und ist bereit, seine Freunde für ein letztes Lebewohl zusammenzurufen. Der Optimist fühlt sich immer gesund und wenn er krank wird, ist er sich sicher, schnell wieder auf die Beine zu kommen.

Und da es in der Welt schlecht zugeht, die Leute böswillig sind und alle guten Projekte mehr oder weniger zum Scheitern verurteilt sind, schließt der Pessimist daraus, dass es sich nicht besonders lohnt, etwas zu tun oder gar anderen zu helfen. Er begnügt sich damit, seine eigenen Angelegenheiten zu regeln und überlässt die Menschen ihrem traurigen Schicksal. Und welch eine Befriedigung für ihn, festzustellen, dass die Mühsal, die Schwierigkeiten oder die Missgeschicke, die er vorhergesehen hat, tatsächlich eintreffen! Pessimismus zieht also Egoismus und sogar Verhärtung nach sich, aber auch Faulheit. Ja, in seiner Überzeugung, dass man durch nichts die Lage verbessern kann, wird der Pessimist faul, außer wenn es darum geht, allen die guten Gründe zu erklären, weshalb er Pessimist ist. Oh, in diesem Falle entfaltet seine Zunge eine unerwartete Aktivität!

Und oft genug schreibt der Pessimist sogar. Wie viele Bücher wurden von Leuten geschrieben, die das Bedürfnis hatten zu betonen, dass die Welt dem Bösen ausgeliefert ist und dass das Dasein absurd ist, dass sich eigentlich überhaupt nichts lohnt. Mein Gott, wenn das Gute niemals triumphieren darf, wenn nichts Sinn macht, wenn sich nichts lohnt, warum auch nur die Anstrengung unternehmen, zu sprechen und zu schreiben? Das ist doch unlogisch. Logischerweise müsste man stumm bleiben. Ja, aus welchem Bedürfnis heraus machen sich diese Autoren daran, den Kopf und das Herz all derjenigen, die sie lesen werden, mit dunklen Wolken zu verfinstern?

Natürlich hat die Medizin festgestellt, dass der Gesundheitszustand des Organismus die psychische Verfassung des Menschen beeinflusst: Pessimisten haben oft eine kranke Leber oder einen kranken Magen. Aber man darf nicht Ursache und Wirkung durcheinanderbringen. In Wirklichkeit rühren diese Leber- und Magenbeschwerden von bestimmten, höchst schädlichen, mentalen Gewohnheiten her, welche die Personen in diesem oder auch in einem vorangegangenen Leben über lange Zeit genährt haben. Und jetzt spiegelt sich dieses schlechte Funktionieren ihres Verdauungsapparates in ihrem Geisteszustand wider. Die Psyche beeinflusst ohne Unterlass die Physis und umgekehrt.[1]

Und worin liegt der Ursprung des Pessimismus bei den Menschen? Manche geben vor, es sei ihr klarer Verstand. Ganz und gar nicht! Es ist ihr Ehrgeiz, ihre maßlosen Begierden, die sie nicht befriedigen konnten. Daher folgte Enttäuschung auf Enttäuschung und sie blickten schließlich desillusioniert auf die Welt. Pessimismus tritt häufig bei den alten Nationen auf. Sie formten sich aufgrund groß angelegter Projekte, an deren leichtes und gutes Gelingen sie glaubten. Gewisse Erfolge ließen sie glauben, dass sie nicht nur die Nachbarländer beherrschen würden, sondern dass sie ihren Einfluss auch auf entfernte Gegenden ausweiten könnten. Und darin liegt der Irrtum! Man will die ganze Welt verschlingen, aber man müsste sich zunächst einmal fragen, ob man fähig wäre, sie auch zu verdauen; und selbst wenn man zunächst einige Siege davonträgt, nach und nach kommen die Schwierigkeiten, die Sackgassen, die Niederlagen und Verluste. Wie sollte man daher die Zukunft in günstigem Licht sehen?

Die jungen Nationen dagegen, die diese Erfahrungen noch nicht gemacht haben, sind voller Hoffnung. Sie glauben, dass sie dort Erfolg haben werden, wo die anderen gescheitert sind. Natürlich können sie Erfolg haben, aber nur unter der Bedingung, dass sie mit Weisheit und Mäßigung vorgehen, sonst werden auch sie, so wie die anderen, in Enttäuschungen und Pessimismus enden.

Denn Nationen sind wie Individuen, sie werden von denselben Gesetzen regiert. Diejenigen, die solche Ambitionen nähren, die ihnen anschließend über den Kopf wachsen, drohen zu scheitern, und diese Misserfolge werden schließlich ihre gesamte Weltsicht in düstere Farben tauchen. Ob nun Nationen oder Individuen, für viele kann das Dasein als Übergang vom Optimismus zum Pessimismus definiert werden.

Für jemanden, der noch jung ist, erscheinen alle Hoffnungen erlaubt, zahlreiche Tore stehen offen, und wenn eines sich schließt, bleiben noch viele andere offen. Aber nach und nach haben sich die Tore eines nach dem anderen geschlossen, und dann werden die Gesichter, die man im Leben lächelnd und zuversichtlich gesehen hat, schließlich zu Masken: Der Blick verdunkelt sich, die Gesichtszüge fallen zusammen und in den Mundwinkeln erscheinen Bitterkeitsfalten. Oh ja, die Jugend macht Pläne und das Alter zieht Bilanz. Eine Bilanz, die nicht immer so berühmt ausfällt.

Meister Peter Danov sagte: »Die Menschen verfallen deshalb in Pessimismus, weil sie nicht wissen, welche Richtung sie ihrer Aktivität geben sollen.« Um welche Art von Richtung handelt es sich dabei? Der Einfachheit halber kann man von zwei Richtungen sprechen: nach oben, zur spirituellen Welt, und nach unten, zur materiellen Welt. Die materielle und die spirituelle Welt präsentieren uns beide ihre Reichtümer; in beiden Fällen sind sie nicht leicht zu erlangen, aber die Schwierigkeiten werden nicht auf die gleiche Weise erlebt, je nachdem welche man sucht.

Derjenige, der sich auf materielle Verwirklichungen konzentriert, wie Besitztümer, Geld und Macht und der seine Ziele nicht erreicht, wird mit Bitterkeit seine Niederlagen spüren, als hätte er alles verloren. Derjenige hingegen, dem spirituelle Bedürfnisse innewohnen, fühlt sich immer unterstützt. Durch sein Streben nach einem höheren Leben webt er beständig Verbindungen mit der göttlichen Welt, und diese Verbindungen rufen in ihm verborgene Schwingungen hervor. Selbst wenn es ihm nicht gelingt, all seine Bestrebungen vollständig zu verwirklichen, schützen ihn diese Schwingungen, die er in seinem tiefsten Wesen spürt, und bewahren ihn vor Entmutigung.

Es gibt nur einen einzigen Fall, wo ihr das Recht habt, Pessimist zu sein, und zwar wenn ihr eine böswillige Tat begeht. Da ist es gut, anzunehmen, dass ihr scheitert, und umso besser! Zu scheitern ist dann das Beste, was euch geschehen kann, das erspart euch Komplikationen.[2] Aber wenn es sich um ein gutes Projekt handelt, ein großzügiges Projekt, müsst ihr Optimist bleiben und die Überzeugung wahren, dass ihr letztlich, selbst wenn ihr bei seiner Verwirklichung auf Schwierigkeiten stoßt, Erfolg haben werdet.

Ihr seht, das Thema Optimismus und Pessimismus ist sehr viel umfassender, als man zunächst denkt. Nur derjenige, der nach spirituellen Gütern sucht, kann wahrhaft Optimist sein; wer jedoch materielle Güter sucht, wird eines Tages, selbst wenn er als Optimist beginnt, seine Illusionen aufgeben müssen und in den Pessimismus zurückfallen. Und darum wiederhole ich: Pessimisten sind oft Menschen mit großem, enttäuschtem Ehrgeiz. Ihre Ambitionen waren Bürden, mit denen sie sich überforderten, weil sie den wahren zu beschreitenden Weg nicht kannten, den Weg nach Oben. Und was tun angesichts der Niederlagen, wenn man bereits all seine Energien völlig umsonst eingesetzt hat?

Optimismus und Pessimismus dürfen daher nicht einzig als eine Frage des Temperamentes angesehen werden, es ist eine wahre Philosophie darin enthalten. Der Pessimist konzentriert sich auf die kleinen Dinge der Erde, der Optimist hingegen öffnet seine Seele den weiten Bereichen des Himmels. In einer Einweihungsschule dürfte man niemals Pessimisten begegnen. Seid euch daher im Klaren, wenn ihr Pessimist seid, dann habt ihr innerlich noch nicht die richtige Richtung eingeschlagen, eure Füße bewegen sich noch nicht auf dem Weg der spirituellen Wissenschaft, denn bereits an der Schwelle dieser Wissenschaft hättet ihr deutlich unterscheiden müssen, dass die wahre Zukunft des Menschen das Licht, die Schönheit, die Freude, das Erblühen seiner Seele ist. Unterwegs trefft ihr natürlich auf Schwierigkeiten, ihr stoßt euch an Hindernissen, aber um sie zu überwinden, dürft ihr auf keinen Fall das Ziel aus den Augen verlieren, sondern sollt euch schon vorher über das Glück freuen, das euch erwartet.

Allein das Bewusstsein unserer göttlichen Bestimmung ermöglicht uns, die Hoffnung aufrechtzuerhalten. Sonst hat natürlich jeder angesichts dieses Weltspektakels alle guten Gründe, pessimistisch, desorientiert, verängstigt und niedergedrückt zu sein. Was bleibt also zu tun? Die einen ziehen Psychologen oder Psychoanalytiker zu Rate, andere befragen Astrologen, Medien und Hellseher, um sich zu beruhigen, wie das heutzutage mehr und mehr geschieht. Das beweist, dass sie nicht verstanden haben, wo und wie sie die wahre Sicherheit und die wahren Gründe suchen sollen, um Vertrauen in die Zukunft zu haben.

Ich leugne nicht, dass es Personen gibt, die fähig sind, in der Zukunft zu lesen, aber es gibt nur wenige.[3] Und selbst wenn sie euch über zukünftige Ereignisse unterrichten, wird es trotzdem an euch liegen, herauszufinden, wie ihr handeln müsst, um nicht all eure Aussichten zu verspielen und wie ihr den Prüfungen begegnen könnt. Anstatt daher alle möglichen Personen nach eurer Zukunft zu befragen, ist es vernünftiger, wenn ihr euch darum kümmert, in euch selbst etwas Solides zu errichten, das euch ermöglichen wird, alles, was euch zustößt – Traurigkeit ebenso wie Freuden, Niederlagen oder Erfolge, – eurer Evolution dienstbar zu machen.

Hellsehern und vor allem Hellseherinnen bin ich in meinem Leben so vielen begegnet! Bei der ersten, an die ich mich erinnere, muss ich gerade neun Jahre alt gewesen sein. Es gab damals viele Zigeuner in Bulgarien, und die Frauen sagten die Zukunft vorher. Eines Tages ging ich auf der Straße an einer von ihnen vorüber, die mich anhielt. Sie sagte mir, dass ich viele Feinde hätte. Seht euch das an, mit neun Jahren! Erstaunt fragte ich sie: »Aber warum? Was habe ich getan?« Sie fügte hinzu, dass ich auch viele Freunde hätte. Darauf betrachtete sie meine Hand und erklärte, dass sie ein Mädchen sähe, hübsch, aber füllig, beleibt, das mich liebe. Auch darüber erstaunt, fragte ich sie: »Wirklich, sooo füllig?« Da erzählte sie mir, dass sie am selben Morgen von ihrem Esel gefallen sei und sie das daran hindere, genau zu sehen. Dann streckte sie mir ihre Hand hin, damit ich ihr ein paar Pfennige gäbe.

Die Bulgaren hingegen versuchen eher, die Zukunft aus dem Kaffeesatz zu lesen. Ich erinnere mich noch an eine Frau in Varna, die von allen Nachbarn zum Kaffee trinken eingeladen wurde, damit sie dann den Kaffeesatz prüfte. Macht es wie sie und ihr werdet niemals verdursten!

Und als ich dann in Paris ankam, wie viele Hellseherinnen haben mich da aufgesucht! Vor allem während des Krieges, wo sich ja alle fragten, wann und wie diese Tragödie wohl enden würde. Manche stellten mir Fragen bezüglich der

Genauigkeit ihrer Vorhersagen. Und ich antwortete ihnen: »Wenn Sie sich dessen nicht sicher sind, was Sie sagen, wie können Sie sich dann dessen sicher sein, was ich Ihnen sagen werde?

Jetzt überlasse ich es natürlich jedem, nach seinem Verständnis zu handeln. Die Hellseher und Astrologen sind meist weitgehend daran gewöhnt, in erster Linie Erfolge, Liebe, Glück und Gesundheit vorherzusagen, sonst würde sie bald niemand mehr konsultieren. Und es versteht sich von selbst, dass zu irgendeinem Zeitpunkt schließlich etwas Gutes eintreten wird, auch wenn dies nicht von Dauer ist. Nun, sollen diejenigen, die sich zu diesen Praktiken flüchten, um sich hinsichtlich ihres Schicksals sicherer zu fühlen, diese ruhig in Anspruch nehmen, wenn es ihnen gut tut. Ich jedoch bin verpflichtet, euch zu sagen, dass die einzig wirksame Methode, um Vertrauen zu bewahren, darin besteht, mit dem Bewusstsein einer Zukunft im Licht und in der Freude voranzuschreiten, die Gott für seine Kinder vorgesehen hat.

Nach weit verbreiteter Meinung ist Pessimismus angeblich eine Form von Weisheit: Wenn man weiß, dass das Böse zu jeder Zeit von irgendwoher auftauchen kann, ist man wachsam, man trifft Vorsichtsmaßnahmen. Aber nein, diese derart negative Sichtweise hat nichts Weises an sich, sie ist sogar schädlich für die Psyche: Sich überall und zu jeder Zeit auf das Böse zu konzentrieren, hat zur Folge, dass man es nicht mehr sieht, wenn es tatsächlich auftaucht, und man lähmt die lebendigen Kräfte, mit deren Hilfe man reagieren könnte. Wo ist da also die Weisheit, wo ist die Klarheit?

Die Weisheit, die wahre Weisheit, das ist etwas ganz anderes, und was sagt sie? Im Buch der Sprüche Salomons stellt sie sich so dar: Ich, die Weisheit, als Er die Himmel bereitete, war ich da... Als er dem Meer seine Grenze setzte... als er die Grundfesten der Erde legte, da war ich als sein Liebling bei Ihm, ich war seine Lust täglich und spielte vor Ihm allezeit...« (Sprüche 8, 27-30). So spricht die Weisheit. Sie, welche die Pläne Gottes auslotete, weil sie mit Ihm an der Schöpfung der Welt beteiligt war, sie sieht die Zukunft mit Vertrauen und in den herrlichsten und den am meisten leuchtenden Farben. Und sie ist überhaupt nicht traurig, nein, sie ist sogar fröhlich, vergnügt, da sie ja in der Gegenwart Gottes spielt.

Der Weise weiß, dass es die Bestimmung des Menschen ist, eines Tages wieder in seine himmlische Heimat zurückzukehren. Auf dem Weg in diese Heimat wird er allerdings dem Bösen in all seinen Formen begegnen, er wird leiden, wird an den anderen und an sich selbst zweifeln, wird mutlos werden. Aber selbst in den schlimmsten Momenten wird er nicht untergehen, weil in seinem Herzen und in seiner Seele die Wahrheit eingeschrieben bleibt, dass Gott ihn nach Seinem Bilde geschaffen hat, und weil dieses Bild Gottes potentiell alle Reichtümer und alle Siege in sich birgt.[4]

Ein Pessimist ist also keinesfalls ein Kind der Weisheit, sondern der größten Unwissenheit. Natürlich geht es nicht darum, sich dem Pessimismus mit der Behauptung entgegenzustellen, alles ginge gut. Das wäre lächerlich: Es läuft nicht alles gut, und viele Dinge laufen sogar sehr schlecht. Aber der Optimismus ist ein philosophischer Standpunkt, der sich auf die Kenntnis Gottes, des Universums und des Menschen stützt. Also sollte man hier nicht das Wort Optimismus verwenden. Dem umgangssprachlichen Gebrauch zufolge verwechselt man ihn allzu oft mit Naivität und Unbekümmertheit, die nichts Philosophisches an sich haben. Der Optimismus, von dem ich spreche, ist in Wirklichkeit Hoffnung, das heißt die Gewissheit, dass die Zukunft immer besser werden kann. Selbst wenn die Gegenwart nicht so besonders ist, sind die Kräfte des Lebens und des Guten doch so stark, dass sie immer über das Böse triumphieren können, vorausgesetzt der Mensch entschließt sich, sich mit ihnen zu verbünden.

Manch einer wird fragen: »Aber welche Hoffnung kann ich haben? Alles, was ich unternehme, scheitert, meine Zukunft ist blockiert!« Das hängt natürlich davon ab, was ihr eure Zukunft nennt.

Wenn ihr diese Zukunft nur im materiellen, gesellschaftlichen Erfolg seht oder als einen märchenhaften Liebesroman, kann sie in der Hinsicht tatsächlich blockiert bleiben. Aber eure Zukunft als Sohn oder als Tochter Gottes liegt weit offen vor euch. Die Tage gleichen sich nicht. Ihr habt die Sonne heute nicht gesehen? Morgen wird sie aufs Neue scheinen. Nichts ist endgültig für diejenigen verschlossen, die wissen, worauf sie ihre Hoffnung gründen sollten.

Wahre Weisheit hat nichts gemein mit einer pessimistischen Auffassung des Lebens; die wahre Weisheit liegt in der Hoffnung. In seinem ersten Brief an die Korinther schreibt der Apostel Paulus: »Sondern wir reden von der Weisheit Gottes, die im Geheimnis verborgen ist, die Gott vorherbestimmt hat vor aller Zeit zu unserer Herrlichkeit… Sondern es ist gekommen, wie geschrieben steht: Was kein Auge gesehen hat und kein Ohr gehört hat und in keines Menschen Herz gekommen ist, was Gott bereitet hat denen, die Ihn lieben.« (Kor 2,7-9)

In Wirklichkeit fehlt euch nur eines: der Entschluss. Ihr seid noch gespalten, ihr seid hin und her gerissen: Zur gleichen Zeit, wo ihr sagt, ihr hättet das spirituelle Leben gewählt, lebt ihr weiterhin wie jeder beliebige andere, besorgt um eure Sicherheit und materiellen Erfolg. Denn man weiß nie, sagt ihr, was die Zukunft bringt, und eure Gedanken und eure Zeit werden von dieser Sorge vereinnahmt. Wer seinen Weg und sein Ziel kennt, belastet sich nicht mit diesen Bürden, denn er hat immer den Reichtum seines himmlischen Vaters vor Augen, der ihm alles Nötige geben wird.

Ihr sagt: »Aber man muss trotzdem im Hinblick auf die Zukunft Reserven anlegen, sich für schlechte Tage absichern.« Angesichts der Art und Weise wie man sich auf die schlechten Tage vorbereitet, ist eines sicher: Sie werden kommen! In Wirklichkeit haben wir bereits auf einer Bank Schließfächer, aus denen wir uns bedienen können. Diese Bank, die von Gott selbst versorgt wird, befindet sich in unserem Inneren: in unserem Willen, in unserem Herzen, in unserem Intellekt, in unserer Seele und in unserem Geist. Ich bitte euch, entschließt euch, wenigstens einen dieser Schätze zu heben, die euch anvertraut wurden.

Wahre Optimisten, die gibt es durchaus auf der Erde, das sind nämlich die Gärtner und die Bauern. Ja, sie legen Samen und Keime in die Erde, die auf den ersten Blick nichts Besonderes darstellen; dann warten und hoffen sie... und eines Tages, siehe da, ein Weizenfeld, ein Maisfeld, Plantagen voller Obstbäume. Wie oft schon habe ich eure Aufmerksamkeit auf die Entsprechungen zwischen der Landwirtschaft und dem spirituellen Leben gelenkt! Samen, Keime, alles, was man sät oder pflanzt, wird schließlich wachsen und Früchte tragen. Und das gleiche gilt für unsere Gedanken, unsere Gefühle, unsere Wünsche...

In Bulgarien bat uns Meister Peter Danov, die Kerne der Früchte (Pfirsich- Pflaumen- und Aprikosenkerne), die wir gegessen hatten, nicht wegzuwerfen, sondern sie einzupflanzen. Und ich rate euch dasselbe. Ihr wendet ein, dass ihr dafür keinen Garten habt. Aber pflanzt sie, wo ihr nur könnt, das macht nichts. Das Wesentliche daran ist, dass ihr zur Kenntnis nehmt, dass ein Kern ein Geschöpf ist, dem das Bedürfnis innewohnt, den lebendigen Keim, den es in sich trägt, ins Leben zu rufen; dieses Geschöpf leidet darunter, in seiner Schale diesen Keim gefangen zu halten, der aus Mangel an günstigem Boden zugrunde gehen wird, wo er doch nur danach verlangt, weiterzuleben.

Natürlich können nicht alle in die Erde gelegten Kerne Bäume hervorbringen, aber das Hauptziel dieser Übung ist es, dass es euch immer bewusst wird, dass ihr auch andere Kerne zum Pflanzen habt: Ideen, Gedanken, Gefühle. Sobald sie Früchte bringen, seid ihr nicht nur in der Fülle, sondern könnt auch noch zahllose Geschöpfe ernähren. Bemüht euch daher, dieses erweiterte Bewusstsein – wahren Optimismus und Hoffnung – zu kultivieren.

Anmerkungen

1. Siehe Band 225 der Reihe Izvor »Harmonie und Gesundheit«, Kapitel 8: »Wie man Müdigkeit vermeidet«.
2. Siehe Band 239 der Reihe Izvor »Die Liebe ist größer als der Glaube«, Kapitel 3: »Der heilsame Zweifel«.
3. Siehe Band 228 der Reihe Izvor »Einblick in die Unsichtbare Welt«, Kapitel 5: »Sollte man sich von Hellsehern beraten lassen?«.
4. Siehe Band 242 der Reihe Izvor »Unerschöpfliche Quellen der Freude«, Kapitel 1: »Gott, Ursprung und Ziel unserer Reise«.

Kapitel 2

Wie ein Hirte über seine Schafe wacht

Der Dieb, der sich unter die Menge mischt und danach sucht, was er leicht stehlen könnte, ist fast schon ein Hellseher. Als hätte er Antennen, spürt er, welche Personen aufmerksam und wach sind und welche halb schlafen. Und was dient ihm als Kennzeichen? Das Licht. Denn von einem wachen Menschen geht eine Art Klarheit aus, und darum wird der Dieb ihn nicht bestehlen. Er sucht den, der mit offenen Augen schläft, und bemächtigt sich seiner Brieftasche oder seiner Tasche, ohne dass der andere es merkt, weil er tatsächlich in Dunkelheit getaucht ist. Aus dem gleichen Grunde greifen die boshaften Wesenheiten der unsichtbaren Welt denjenigen nicht an, bei dem sie das Licht spüren, denn sie wissen, dass sie sofort ausfindig gemacht und abgewehrt werden.

Jesus sagte: »Wenn der Hausherr wüsste, zu welcher Stunde der Dieb kommen muss, würde er wachen und sein Haus nicht aufbrechen lassen.« Dieser Vers weist uns auf eine der höchsten Qualitäten hin, die der Mensch erlangen kann: die Wachsamkeit. Da man nicht weiß, zu welcher Stunde der Dieb kommen wird (und der

Dieb steht für all die Umstände, wo wir innerlich etwas Wertvolles zu verlieren drohen), dürfen wir niemals in unserer Aufmerksamkeit nachlassen. Und so kommt es einem spirituellen Meister bei demjenigen, der sein Schüler werden will, denn auch nicht so sehr auf Intelligenz, Güte oder Ergebenheit an, sondern auf Wachsamkeit. Denn wenn er wachsam ist, wird er den Gefahren, die seinen Weg säumen, entgehen. Ein Mangel an Wachsamkeit hingegen wird ihn nach und nach alles wieder verlieren lassen, was er mühsam erworben hat.

Etymologisch gesehen gehört das Wort Wachsamkeit zur selben Familie wie das Wort wachen, Wacht, aufgeweckt. Wach sein bedeutet, nicht schlafen. Und was darf in uns nicht schlafen? Das Bewusstsein. Unser Körper braucht den Schlaf, und diesen darf man ihm nicht vorenthalten. Nicht zu schlafen ist eine Sache, ein waches Bewusstsein zu haben ist eine andere. Man kann sehr wohl nicht schlafen und ein schläfriges Bewusstsein haben, und genauso kann man schlafen und ein waches Bewusstsein bewahren.[1] Denn das Bewusstsein gleicht einer Lampe, und bei hochentwickelten Wesen verlöscht das Licht dieser Lampe niemals.

Sei es nun physisch oder psychisch, Wachsamkeit und Aufmerksamkeit sind unverzichtbar. Es mangelt euch an Aufmerksamkeit? Ihr werdet eine ungeschickte Bewegung machen, euch an einem Gegenstand stoßen oder stürzen... Weder euer Wissen, noch euer Reichtum, noch eure

Tugenden werden euch davor bewahren. Wie viele bedeutende Menschen sind durch Unfälle gestorben, die von ihrem Mangel an Aufmerksamkeit verursacht wurden, während viele Übeltäter, weil sie wachsam sind, sich häufig aus der Affäre ziehen können. Man kann sogar behaupten, dass ein Übeltäter sich durch seine Wachsamkeit auszeichnet. Eben weil er sich in Gefahr fühlt. Im Bewusstsein, die Gesetze übertreten zu haben, weiß er, dass er vielleicht gesucht wird und liegt so ständig auf der Lauer, aus Angst bemerkt zu werden oder Indizien zu hinterlassen, die zu seiner Ergreifung führen würden. Überlasst die Wachsamkeit nicht den Übeltätern in der Vorstellung, dass ihr mit eurer Unschuld automatisch göttlichen Schutz auf euch lenkt. Wenn ihr nachlässig seid, wird euch nichts und niemand schützen.

Meister Peter Danov sagte eines Tages: »Warum gibt es den Wolf? Um den Schäfer Wachsamkeit zu lehren. Wenn er merkt, dass ihm ein Schaf fehlt, muss der Schäfer herausfinden, wo der Wolf eindringen konnte. Wenn er ein Loch in einer Mauer findet, muss er es so schnell wie möglich schließen. Findet er keines, so muss er sich fragen, ob der Wolf vielleicht über den Zaun springen konnte. Ein guter Schäfer vergewissert sich, dass es keine Löcher in der Mauer seines Schafstalles gibt und dass die Umzäunung hoch genug ist, um seine Herde vor jeglichem Eindringen von Wölfen zu schützen.«

Was dem Menschen im Laufe seines Lebens auch zustößt, die Natur hat nur seine Erziehung im Blick. Jedem von uns wurde ein Schafstall anvertraut, und wir müssen darüber wachen, dass es keine Löcher in den Mauern gibt und die Umzäunung hoch genug bauen. Ihr denkt: »Schafställe, Schafe, Wölfe... Betrifft uns das wirklich?« Ja, aber ihr wisst nichts davon, weil ihr die Sprache der Symbole noch nicht genügend vertieft habt.

Der Wolf, der euren Schafstall bedroht, ist ein Symbol des Teufels, dieses Wesens, das für all die finsteren und boshaften Geister steht, die um den Menschen herumschleichen und auf die geringste Schwäche lauern, um sich auf ihn zu stürzen. Sich vor dem Wolf zu schützen, bedeutet, anhaltend wachsam zu sein, ständig ein waches Bewusstsein zu haben. Ihr seid alle Schafhirten: Der Schafstall, das ist euer Organismus, die Schafe sind eure Zellen, und außerdem habt ihr noch Wachhunde, die lichtvollen Wesen, die euch schützen.

In Wirklichkeit geschieht das Eindringen des Wolfes nicht nur aufgrund mangelnder Wachsamkeit des Hirten, das heißt von euch selbst: Ihr selbst habt ihm vielleicht die Tür geöffnet oder sogar eure Umzäunung verringert, das heißt eure Schutzmaßnahmen gemindert. Ihr meint, dass ihr achtsam seid? Und doch werdet ihr von Gedanken und Gefühlen heimgesucht, die euch euren Mut, euer Vertrauen, eure Freude nehmen. Oh ja, so ist es, weil ihr nämlich so wachsam seid wie einst Nastradin Hodja.

An einem schönen Nachmittag im Sommer setzte sich Nastradin Hodja auf seinen Esel und ritt aus der Stadt, wo er einige Säcke Weizen gekauft hatte, nach Hause zurück. Es war heiß und er sagte sich, dass eine kleine Siesta ihm gut tun würde. Die Vorstellung, sich auf einem dichten Grasteppich ausstrecken zu können, gefiel ihm so sehr, dass er gewisse Gerüchte vergaß, die vor Dieben in der Region warnten. Er band seinen Esel an einen Baum, damit er nicht weglief, und schlief ein. Als er aufwachte, war der Esel verschwunden, übriggeblieben war nur das um den Stamm gebundene Seil. Da sagte er sich: »Wenn ich nicht Nastradin Hodja bin, dann habe ich ein Seil gewonnen. Aber wenn ich doch Nastradin Hodja bin, habe ich meinen Esel verloren.« Das Gleiche gilt auch für euch: Wenn jemand sich dessen bemächtigt, was euch gehört, während euer Bewusstsein schläft, bleibt euch nur noch, so wie Nastradin Hodja, darüber zu philosophieren.

Das, was die Wachsamkeit einschläfert, ist die Verlockung, der Geschmack an Vergnügungen. Wahrlich, wie soll man wachsam sein, wenn man nur Lust verspürt, sich dem hinzugeben, was angenehm ist? Die Vergnügungen sind wie eine Feuchtigkeit, welche die Flügel eurer Seele durchnässt und sie am Fliegen hindert. Und wenn eure Seele nicht mehr fliegen kann, kann jeder beliebige »Wolf« euch packen.

Nichts geschieht aus Zufall. Der Wolf ist das Symbol für feindselige, zerstörerische Kräfte, die immer dort auftauchen, wo durch Mangel an Wachsamkeit eine Übertretung begangen wurde. Wenn ihr eine Übertretung auf der Gefühlsebene, dem Bereich des Herzens begeht, wird der Wolf in Form von Egoismus, Eifersucht, Härte und dem Wunsch nach Vergeltung erscheinen. Wenn ihr eine Übertretung im Bereich des Intellekts begeht, wird der Wolf als ein Mangel an Unterscheidungskraft, an Weisheit, an Vernunft in Erscheinung treten. Und wenn dies im Bereich des Willens geschieht, wird der Wolf als Faulheit, als Ungeschicklichkeit und als Niederlage auftauchen.

Und wie ist nun die Umzäunung zu verstehen? Eine Umzäunung ist eine Grenze, eine Barriere und daher auch ein Schutz. Das ist die Rolle, welche die Haut für den physischen Körper spielt, und auf der spirituellen Ebene ist dieser Schutz durch die Aura gesichert. Die Aura, das ist die wahre Umzäunung, die uns vor den Wölfen schützt, und genau sie müssen wir gut schließen und so hoch wie möglich bauen. Wie? Durch die Arbeit von Herz und Intellekt. Das Herz hält die Einfriedung geschlossen, und es verschließt die Löcher, damit wir die Erschütterungen aushalten können; denn die Liebe wirkt auf eine spezielle Weise, indem sie die Zellen stärkt und sie fähig macht, Krankheit und Unglück zu widerstehen. Der Intellekt erleuchtet dagegen mit seiner Weisheit, er errichtet eine Mauer aus Licht, welche die bösartigen Geister der niederen Regionen nicht überwinden können.

Bevor er mit seiner Arbeit beginnt, zieht der Magier einen Kreis um sich herum, um sich vor finsteren Wesenheiten zu schützen. Dieser Kreis ist auch eine Art Umzäunung. Ihr sagt, sie habe weder Höhe noch Breite. Das ist richtig, aber durch seine Liebe und durch seine Weisheit gibt der Magier diesem Kreis eine derartige Höhe und Breite, dass er wie in einer uneinnehmbaren Festung geschützt ist.

Ihr versteht, warum es so wichtig ist, mit Hilfe von Liebe und Weisheit an eurer Aura zu arbeiten, damit nichts Übles euch treffen kann. Ich habe es euch schon gesagt, die Aura ist eine Haut, sie ist eure spirituelle Haut. Und so wie es wünschenswert ist, dass eure physische Haut weich und fein ist, genau so sollte eure spirituelle Haut undurchdringlich sein.[2]

Es gibt Personen, die sich unablässig über die Art und Weise beklagen, wie man sie angesehen, wie man mit ihnen gesprochen oder wie man sie behandelt hat; sie sind derart empfindlich, dass man meinen könnte, sie haben überall Wunden. Wenn ihr zu ihnen sagt: »Hallo, wie geht's?«, und ihnen dabei einen freundlichen Schlag auf die Schulter gebt, zieht sich ihre Aura zusammen, denn sie ist sehr dünn, und das ist ein Zeichen, dass sie nicht viel Liebe haben. Den Personen hingegen, die eine weit ausladende Aura haben, könnt ihr sagen, was ihr wollt, es beunruhigt sie nicht und verärgert sie nicht, denn sie haben viel Liebe. Wenn ihr also gegenüber Kritik und Beleidigungen besonders empfindlich seid, bemüht euch nicht, euch zu rechtfertigen, das zeigt nur, dass ihr nicht genug Liebe besitzt, um die Löcher zu stopfen und dicke Mauern zu bauen, damit negative Strömungen nicht hindurchdringen können.

Was hingegen die Weisheit angeht, sie weist euch den Weg nach oben, denn das richtige Verständnis der Dinge erlangt man nicht unten, nahe dem Boden. Wer sehen will, was im Tal geschieht, muss auf einen Gipfel steigen; einmal oben, sieht er nicht nur alles, sondern ist auch geschützt vor etwaigen Feinden. Und eines Tages gelingt es ihm, wieder zu demjenigen zu gelangen, der in den Psalmen der Allerhöchste genannt wird; dann wird selbst inmitten eines Unwetters etwas in ihm fähig sein, dort zu verweilen, auf den Höhen, wo nichts ihm schaden kann.

Die Dicke, die Dichte entspricht dem Gefühl, denn das Gefühl, die Wärme bewirkt die Rundung, die Erweiterung der Dinge; Weisheit und Licht hingegen ziehen sie empor. Im Augenblick sind es die Sorgen und die Schwierigkeiten, welche die Menschen zum Nachdenken bringen und sie weiser machen. Aber diese Periode wird vorübergehen, und eines Tages werden es Freude und Heiterkeit sein, welche die Weisheit begleiten.

Der Hirte, der die Gesetze nicht übertritt, hält die Wölfe auf Abstand. Sie fürchten ihn, da sie ihn als sehr stark empfinden. Und diese Kraft teilt sich den Schafen mit, die mutig werden und sich sammeln, um die Wölfe am Eindringen zu hindern. Man sagt, die Schafe seien furchtsam. Nein, das ist ein Irrtum, sie sind furchtsam, wenn ihr Herr schwach geworden ist, weil er in Unordnung und Disharmonie lebt.

Was ich euch da erzähle, gilt zunächst für den physischen Körper. Wenn der Mensch nicht ein von Weisheit und Liebe inspiriertes Leben führt, haben seine Schafe, das heißt, die Zellen all seiner Organe die Folgen zu ertragen: Sie haben nicht mehr dieselbe Vitalität und man kann sie sogar als entmutigt bezeichnen; wenn dann Krankheit kommt, sind sie nicht mehr in der Lage, sie zu besiegen. Der General, der seinen Männern den notwendigen Elan zur Abwehr des Feindes vermitteln will, muss seine eigene Ehrenhaftigkeit und Seelenstärke unter Beweis stellen. Wenn er sich gehen lässt, werden seine Soldaten es ihm gleichtun. In allen Bereichen bewahrheitet sich dasselbe Gesetz.

Jeder von euch soll ein aufmerksamer Hirte werden und seine Schafe schützen, nicht allein dadurch, dass er jeden Tag überprüft, dass kein Loch in der Umzäunung ist, sondern auch indem er diese Umzäunung stärkt und Wachhunde einsetzt. Sobald ihr eine gewisse Erregung, Nervosität oder Entmutigung spürt, inspiziert eure Umzäunung: Es muss dort ein Loch geben. Wenn ein Wolf hindurchgelangt, das wird mit Sicherheit früher oder später geschehen, dann wird er eindringen und einige eurer Schafe fressen.

Jemand kommt zu mir und sagt: »Ich weiß nicht warum, aber ich fühle mich seltsam, alles ermüdet mich, macht mich ungehalten, und ich habe zu nichts Lust.« Nun, für mich ist der Fall klar: Er hat zugelassen, dass sich einige Löcher in seiner Aura bilden und durch diese Löcher sind seine Energien verschwunden. Er muss sich jetzt darum kümmern, sie zu stopfen.

Macht mindestens eine Woche lang folgendes Experiment: Überwacht eure Gedanken und Gefühle, bemüht euch, keiner negativen Regung nachzugeben, stellt euch unter das Gesetz von Liebe und Weisheit. Ihr werdet spüren, wie euer Zaun von selbst breiter und höher wird, und ihr werdet erstaunt feststellen, dass Ereignisse und Situationen, die euch zuvor irritiert und beunruhigt haben, euch nicht einmal mehr berühren.

Um zur wahren Weisheit zu gelangen, muss man die größten Schwierigkeiten, die größten Prüfungen durchlaufen haben. Die Weisheit eines Menschen spricht von all den Erfahrungen, die er gemacht hat, von all den Siegen, die er über das Böse davongetragen hat, und ihr müsst für ihn Wertschätzung und Bewunderung empfinden, weil er sehr teuer bezahlt hat, um sie zu erlangen. Und wenn er wahrhaft ein Weiser ist, werdet ihr aus seinem Verhalten und aus seinem Blick nur die Gewissheit lesen, dass man durch Glaube, Arbeit und Zeit an das Ende aller Schwierigkeiten gelangt.[3] Es mag vorkommen, dass sein Gesicht noch vom Leid gezeichnet ist, aber etwas überwiegt, es ist ein Licht, etwas Tiefgründiges, Geheimes, das alles überstrahlt.

Wollt ihr ein solcher Weiser werden? Lasst nicht einen Tag vergehen, ohne daran zu denken, die Risse abzudichten und den Schutzwall, der euch schützt, zu stärken, damit kein Wolf eindringen und eure Schafe reißen kann. Man kann nie genug Vorkehrungen treffen. Solange wir auf der Erde sind, begegnen wir Wölfen; es ist unnütz, sie beseitigen zu wollen, um die Schafe zu retten, es wird uns nicht gelingen, und es ist auch nicht unsere Angelegenheit. Unsere Aufgabe ist es, wachsam zu sein und uns zu stärken.

Wölfe existieren nur, weil es einen Schöpfer gibt, der sich um sie kümmert, und wir müssen ihre Anwesenheit akzeptieren. Sie haben das Recht, um die Ställe herumzuschleichen. Aber der Hirte hat nicht nur das Recht, sondern die Pflicht, sich zu schützen, und ebenso seine Herde. Wenn er sich nicht schützt und wenn der Wolf seine Schafe angreift, darf er die Schuld nur bei sich selbst suchen.

Ihr sagt: »Aber wenn ich mich Gott anvertraue, wenn ich Ihn liebe, wird er mich schützen.« Nein, wenn ihr nicht aufmerksam, nicht wachsam seid, wird euch selbst eure Liebe zu Gott nicht schützen.« Gott wird zu euch sagen: »Du liebst mich? Das ist sehr gut, aber warum willst du, dass Ich alle Arbeit tue?« Weder eure Liebe, noch alle eure guten Eigenschaften können euch davon entbinden, wachsam zu sein. Keine einzige Tugend kann die Wachsamkeit ersetzen.

Ihr fragt: »Aber schützen uns nicht die lichtvollen Wesen der unsichtbaren Welt?« Doch, natürlich, nur sind sie nicht allein dazu da, um uns zu schützen, sie sind auch da, um uns zu erziehen und oft überlassen sie es uns selbst, zurechtzukommen. Ein kleines Kind hat immer jemanden in seiner Nähe, um aufzupassen, dass ihm nichts geschieht: seine Eltern, seine Großeltern, seine älteren Brüder und Schwestern oder andere Personen. Aber nach und nach lässt man es immer wieder allein, damit es lernt, für sein Handeln selbst verantwortlich zu sein. Nun, das Gleiche gilt für das innere Leben.

Bis zu einem gewissen Punkt gibt es in der unsichtbaren Welt Wesenheiten, die sich um uns kümmern. Aber wenn ihr eine gewisse spirituelle Reife erlangt habt, sagen sie zu euch: »Jetzt liegt es an dir, auf dich aufzupassen.« Die Gläubigen begehen einen großen Fehler, wenn sie sich einbilden, der Himmel sei da, um sie zu schützen; nein, er ist nur da, wenn auch sie da sind. Der Himmel lässt es manchmal zu, dass wir großen Gefahren ausgesetzt sind, und wenn wir nicht alle notwendigen Vorsichtsmaßnahmen getroffen haben, werden wir natürlich unterliegen.

In außergewöhnlichen Umständen kommt es vor, dass bestimmte Menschen geschützt werden. Dann werden sie gerettet, selbst wenn sie unbewusst in ihr Verderben laufen würden, denn ein Engel warnt sie in Form einer Eingebung, einer Vorahnung vor der Gefahr. Aber diejenigen, die das Privileg eines solchen Schutzes genießen, müssen in der Vergangenheit einmal eine große Wachsamkeit unter Beweis gestellt haben.

Und wie oft in eurem Leben habt ihr tatsächlich schon von diesem Schutz profitiert! Ja, wie vielen Gefahren, derer ihr euch nicht bewusst wart, seid ihr schon entgangen! Aber nehmt dies nicht zum Vorwand für mangelnde Aufmerksamkeit. Ihr müsst eure Wachsamkeit in allen Bereichen üben. Es sind jeden Tag so viele Vorsichtsmaßnahmen zu treffen, damit das, was euch nützlich, ja, sogar unverzichtbar ist, sich nicht gegen euch wendet! Wasser- und Gashähne schließen, Feuer und Kerzen, die man angezündet hat, im Auge behalten und daran denken, sie zu löschen, keine Gegenstände herumliegen lassen, über die ihr selbst stolpern könntet oder aber andere stolpern könnten...

Ihr seid gerade am Einschlafen und ihr erinnert euch nicht, ob ihr eure Haustür abgeschlossen habt. Steht noch mal auf und prüft es nach, denn es ist nicht Aufgabe des Himmels, euren Eingang zu bewachen, und er kümmert sich auch nicht um all eure sonstigen Angelegenheiten. Er hat euch ein Gehirn, Augen, Ohren, Füße und Hände gegeben und er sagt zu euch: »Ihr habt all diese Instrumente, bedient euch ihrer, das wird euch schützen. Wenn ihr sie einsetzt, werden die lichtvollen Wesenheiten da sein, um euch ebenfalls zu schützen.«

Die Dinge, die ihr begonnen habt, und die noch nicht erledigt sind, die Irrtümer, die ihr begangen und noch nicht korrigiert habt, ihr meint, Gott wird sich schon darum kümmern, und selbstverständlich immer zu euren Gunsten. Oh nein, ihr müsst selbst das Nötige tun und nicht so sehr auf Ihn zählen. Wenn ihr einen Eimer unter eine Regenrinne stellt, besteht die berechtigte Hoffnung, dass er sich beim nächsten Regen mit Wasser füllt; wenn ihr ihn aber nicht dort aufstellt, dann erwartet auch nicht, dass er voll sein wird. Wenn ihr einen Samen in die Erde legt, ist die Hoffnung berechtigt, eine Pflanze keimen zu sehen, aber wenn ihr nichts sät, erwartet auch nichts.

Ihr erwidert: »Aber das ist kindisch, das wissen wir schon.« Seid ihr da so sicher? Ihr öffnet euer Herz nicht dem göttlichen Wasser und erwartet doch, dass es gefüllt wird. Ihr sät keine Gedanken und Gefühle der Liebe und Großzügigkeit, und erwartet in Frieden und Freude zu leben. Und wenn ihr einen Gegenstand in die Hand nehmen müsst, um ihn jemandem zu geben, legt ihr dann eure Aufmerksamkeit, euer Bewusstsein in diese Geste?... Nein, ihr tut es rein mechanisch. Nun, achtet in Zukunft darauf, etwas mehr zu geben, fügt einen guten Gedanken, ein gutes Gefühl, einen guten Wunsch für diese Person hinzu.

Und nehmen wir das Beispiel von Paaren. Ein Mann und eine Frau begegnen sich, eine Zeit lang ist jeder aufmerksam, um dem anderen zu gefallen. Aber von dem Tag an, an dem sie erlangt haben, was sie sich wünschten (nämlich heiraten und zusammen leben), da glauben sie, sich nicht mehr besonders anstrengen zu müssen, und sie lassen sich gehen. Ihr sagt, das tägliche Leben sei so sehr vereinnahmend, man habe so viele Sorgen und Verpflichtungen, so viele Dinge, an die man denken muss! Einverstanden, aber es gibt mindestens eine Lösung: ein wenig Distanz wahren. Ja, auch wenn sie zusammen leben, wäre es für Männer und Frauen von Vorteil, wenn sie eine gewisse Distanz bewahren, um zu vermeiden, dass sie in eine prosaische Vertraulichkeit verfallen, die typisch im Alltag ist, wenn man nicht wachsam ist.

Es ist gut, wenn bei einem Paar jeder gegenüber dem anderen etwas für sich behält und nicht jedes kleine Geheimnis teilt, um das Interesse und die Neugierde für etwas Neues, Unbekanntes aufrechtzuerhalten. Es ist das Unbekannte, das diese Anziehung, welche die Menschen füreinander spüren, bewahrt, und oft verlieren sie gerade durch den Mangel an Aufmerksamkeit die Liebe. Wie viele Männer und Frauen haben sich bei mir im Vertrauen über den Verschleiß ihrer Liebe beschwert! Oh ja, mit der Zeit wird man nachlässig und vergisst die elementaren Regeln der Zurückhaltung, des Feingefühls, der Ästhetik.

Aufmerksamkeit hält die Liebe in Fluss, und hält auch das Leben in Fluss. Schenkt daher all den Geschöpfen Beachtung, denen ihr auf eurem Weg begegnet, nicht nur den Menschen, sondern auch den Blumen, den Schmetterlingen, den Vögeln, den Tautropfen. Diesen Rat könnt ihr ebenso für eure innere Welt anwenden. In den Schmetterlingen und den Vögeln sind unsichtbare Wesenheiten zugegen, die in euch fliegen und singen können. Manchmal, wenn ihr morgens das Fenster öffnet, habt ihr das Gefühl als würden Vögel in euch singen, als würden Tautropfen auf den Blüten und Blättern eurer Seele glitzern. Schenkt dieser Empfindung Aufmerksamkeit, lasst sie nicht einfach sich verflüchtigen, ohne dass ihr sie wenigstens für einen Moment festzuhalten versucht.

Die Wachsamkeit muss in den geringsten Dingen zum Ausdruck kommen, selbst in der Art, wie ihr am Abend euer Zimmer in Ordnung bringt, bevor ihr schlafen geht, denn Engelwesen besuchen euch vielleicht des Nachts, und wenn sie Kleidung und Gegenstände herumliegen sehen, macht sie dieses Schauspiel nicht besonders glücklich, und sie kommen womöglich nie wieder. Macht jeden Abend in eurer Wohnung so Ordnung, als würdet ihr Gäste oder Freunde empfangen.

Und da die unsichtbare Welt von allen Arten von Bewohnern bevölkert ist, könnt ihr, sofern ihr während eures Schlafes nicht von bestimmten feindseligen Besuchern gestört werden wollt, etwas neben eurem Bett liegen lassen: ein Gebet, einen Gedanken, den ihr zu Papier gebracht habt, ein Heiligenbild, das Photo eines Weisen, eines Eingeweihten. Mit Hilfe eines solchen Gegenstandes stellt ihr euch unter die schützende Autorität eines Wesens, das sein Wohlwollen über alle Geschöpfe ausbreitet.[4]

In den Evangelien sagt Jesus: »Und wenn er alle seine Schafe hinausgelassen hat, geht er vor ihnen her, und die Schafe folgen ihm nach; denn sie kennen seine Stimme... Ich bin der gute Hirte und kenne die Meinen und die Meinen kennen mich.« Aber dieses Gleichnis vom guten Hirten darf nicht nur von der kosmischen Seite her verstanden werden: der Christus, Hirte der Seelen im gesamten Universum. Man sollte es auch in seiner mystischen Dimension verstehen. Unser Höheres Selbst[5] repräsentiert den Christus in uns, dieses Höhere Selbst ist der wachsame, umsichtige Hirte; und die Schafe, unsere Zellen, müssen seine Stimme hören und ihm folgen.

Anmerkungen

1. Siehe Band 242 der Reihe Izvor »Einblick in die unsichtbare Welt«, Kapitel 16: »Die Reisen der Seele im Schlaf«.

2. Siehe Band 309 der Reihe Broschüren »Die Aura, unsere geistige Haut«.

3. Siehe Band 238 der Reihe Izvor »Der Glaube versetzt Berge«, Kapitel 8: »Rabota, vreme, vera: Arbeit, Zeit, Glaube«.

4. Siehe Band 228 der Reihe Izvor »Einblick in die unsichtbare Welt«, Kapitel 15: »Wie man sich im Schlaf schützen kann« und Band 235 der Reihe Izvor »Im Geist und in der Wahrheit«, Kapitel 12: »Das Bild, als einfache Stütze für das Gebet«.

5. Siehe Band 222 der Reihe Izvor »Die Psyche des Menschen«, Kapitel 13: »Das Höhere Ich«.

Kapitel 3

Die Grenzen unserer Seele schützen

Wer aus Schwäche oder Unaufmerksamkeit von seiner niederen Natur inspirierte Gedanken und Gefühle in sich hat eindringen lassen, der befindet sich in der selben Situation wie ein besetztes Land: Eindringlinge haben die Grenzen überschritten und vom Land Besitz ergriffen, und jetzt muss man unter der Herrschaft der Feinde leben, ihnen dienen und ihre Launen befriedigen.

Genau diesen Vergleich hat Meister Peter Danov eines Tages benutzt. Indem er auf den Zeitraum anspielte, wo Bulgarien sich unter der Herrschaft des Osmanischen Reiches befand, sagte er: »Wenn ein Effendi* das Haus eines Bulgaren betreten würde, würde dieser sich verpflichtet fühlen, ihn zum Essen und Trinken einzuladen. Da es nicht in seiner Macht stünde, ihn zu vertreiben, gäbe es für ihn keine andere Lösung, als sein Wohlwollen auf sich zu lenken. Wenn er aber intelligent wäre, würde er zugleich nach Mitteln suchen, seine Freiheit wieder zu gewinnen. Oh ja, solange ihr darauf wartet euch von den

* Titel eines zivilen oder religiösen Würdenträgers bei den Türken.

Feinden, die ihr habt eindringen lassen, befreien zu können, seid ihr gezwungen, sie zu ertragen. Im Grunde ist es genau dieselbe Geschichte wie die vom Hirten und dem Wolf. Wenn der Wolf auftaucht, heißt der Hirte ihn nicht willkommen und lässt ihn alle seine Schafe auffressen. Aber da er vergessen hat, die Tür zum Schafstall zu schließen oder einen Hund zum Schutz der Herde dazulassen, bleibt ihm nur übrig, zum Wolf zu sagen: »Nimm ein oder zwei Schafe, aber reiß nicht die ganze Herde... Und greif mich nicht an, lass mich am Leben.« Manchmal ist man, um das Schlimmste zu vermeiden, kurzzeitig gezwungen, seinen Feinden ein wenig Essen zu geben.

Diese Regel gilt für alle Bereiche, und ich erinnere mich an etwas, das ich während meiner Kindheit in dem Dorf in Mazedonien, wo ich lebte, beobachtete. Jemand hatte ein Furunkel, einen Abszess; da nahm man zum Beispiel eine sehr reife Feige und legte sie auf die kranke Stelle und sagte dabei zu der Wesenheit, die der Grund für dieses Übel war: »Komm, iss, das ist für dich.« Nach kurzer Zeit verließ das Übel tatsächlich die Person und man brauchte nur noch die Feige wegzuwerfen.

Und wenn jemand von psychischen Störungen heimgesucht wurde, ging man davon aus, dass er ein Opfer finsterer Geister war. Man bereitete dann ein rundes Brot zu, in das man eine große Menge Honig füllte. Man ließ Musiker kommen und lud diese boshaften Geister zum Essen. Dann nahm man das Brot und mit Gesang und dem Aussprechen exorzistischer Formeln zog man aus dem Dorf hinaus und warf das Brot so weit wie möglich fort. Die Geister stürzten sich dann auf das Brot und ließen die Person frei. Man befreite sich also von unerwünschten Besatzern, indem man sie woandershin beförderte. Die Evangelien berichten auch, wie Jesus die Dämonen, nachdem er sie aus dem Körper eines Besessenen vertrieben hatte, zwang, Schweine zu besetzen, und die Schweine stürzten sich dann ins Meer.[1]

Diese Praktiken, die sich bis in die ferne Vergangenheit zurückverfolgen lassen, bestehen noch dort, wo sich eine gewisse traditionelle Medizin erhalten hat. Sie gründen sich auf gesicherte Kenntnisse; aber für die meisten Zeitgenossen ist das alles natürlich reiner Unsinn; ihrer Meinung nach kann Heilung nur von Ärzten und Psychiatern kommen. Sie haben Unrecht. Nur hängt die Wirksamkeit dieser Methode natürlich von den moralischen Qualitäten und der Erfahrung desjenigen ab, der sie praktiziert. Ohne diese moralischen Qualitäten und diese Erfahrung läuft der »Heiler« selbst Gefahr, angegriffen zu werden.

Wie verhält sich der Dompteur von wilden Tieren in einem Zirkus? Wenn die Tiere sich bedrohlich gebärden, bietet er ihnen nicht die Stirn, sondern wirft ihnen einige Stücke Fleisch hin, und während sie mit Essen beschäftigt sind, kann er

Vorsichtsmaßnahmen treffen oder den Käfig verlassen. Ein Unwissender dagegen wäre nur fähig, sie noch mehr zu reizen und sein Leben in Gefahr zu bringen.

Gewalt ist selten eine gute Methode, sich eines Feindes oder einer Krankheit zu entledigen. Wenn ihr euch verletzt habt, wartet ihr auf die vollständige Heilung, ihr entfernt nicht vorher den Schorf, sondern lasst die neue Haut sich darunter bilden, und auf diese Weise wird später von der Verletzung keine Spur mehr zu sehen sein. Jedes Mal, wenn man aus Unwissenheit, Unvorsichtigkeit oder Ungeduld versucht, sich gewaltsam zu befreien, läuft man Gefahr, nicht ohne physischen oder psychischen Schaden davonzukommen.

Wenn ihr euch in eine unangenehme Lage gebracht habt, ist es normal, dass ihr versucht, euch daraus zu befreien. Aber Achtung, macht es nicht überstürzt. Ihr ertragt eure Arbeit nicht mehr... oder die Person, mit der ihr lebt... oder ihr wollt sogar euer Leben ändern. Natürlich, das ist möglich, aber wartet auf den günstigen Moment. Wenn ihr nur einen Tag oder eine Stunde zu früh handelt, dann könnte euch das sehr teuer zu stehen kommen. Ihr müsst damit beginnen, das Terrain vorzubereiten, die Atmosphäre zu klären, und das geschieht langsam im Geheimen. Eines Tages geschieht endlich diese Befreiung, und dann stellt ihr fest, wie viele Vorsichtsmaßnahmen, wie viele Vorbereitungen dazu nötig waren.

Da kein Mensch, der sich auf der Erde inkarniert, vollkommen ist, ist jeder mehr oder weniger gezwungen, seinen niederen Instinkten etwas zu essen zu geben. Aber der Schüler einer Einweihungsschule begreift, dass er zugleich im Geheimen an seiner Befreiung arbeiten muss. Jeden Tag betet und meditiert er, trainiert seinen Willen und sendet Botschaften an seine Freunde in der unsichtbaren Welt. Dann kommt endlich der Moment, wo er all den Besatzern sagen kann: »Verschwindet, hier ist das Reich Gottes, und für euch ist kein Platz mehr.«

Sicher, diese Feinde werden sich erheben, die Zähne zeigen, die Krallen ausfahren, um ihn zu bedrohen: »Sei still, wir sind hier zu Hause, wir sind deine Herren.« Aber er wird antworten: »Ja, so war es, auf den ersten Seiten der Geschichte, aber inzwischen wurden andere Seiten geschrieben, ohne euer Wissen, und viele Veränderungen haben sich ereignet. Jetzt ist Gott mein Hirte, Er schützt mich.« Und selbst wenn sie den Rachen öffnen und Flammen speien, wird es ihm gelingen, sie zurückzuwerfen. Aber zunächst ist es an ihm, aufmerksam zu sein und jeden Tag zu arbeiten, ohne sich auf die Vorsehung zu verlassen.

Denn das, was die Menschen die meiste Zeit Vorsehung nennen, ist eine Macht, die, wie sie meinen, über sie wachen, sie vor Gefahren und Prüfungen schützen soll. Nun, keineswegs. Da es viele Wahrheiten gibt, die sie noch nicht verstanden haben, so widersetzt sich die Vorsehung niemals den Lektionen, die sie brauchen, um besser zu werden. Manchmal beginnen diese Lektionen mit angenehmen Ereignissen und sie sind ganz zufrieden... bis zu dem Tag, an dem sie entdecken, dass sich in diesen angenehmen Ereignissen auch einige Fallen verbargen.

Eine bedeutende Stellung, eine wichtige Aufgabe zu erlangen, mag zum Beispiel wie ein Erfolg erscheinen, an dem man sich erfreut und dem Himmel dankt. Ja, aber diejenigen, die einflussreiche Persönlichkeiten werden, neigen dazu, wesentliche Eigenschaften wie Güte, Großzügigkeit, Demut und Opferbereitschaft zu vergessen. Und darum erleben sie Widerstände und Prüfungen, die sie veranlassen, diese Tugenden zu praktizieren. Da wird der Himmel nicht eingreifen, um sie zu schützen: er schaut zu und wartet, bis sie ihre Lektion gelernt haben.

Wenn diese Lektion dann gut gelernt ist, gewinnen sie ihr Ansehen in diesem oder einem anderen Leben wieder, aber sie müssen sich dann gut an diese Lektion erinnern und dürfen nicht versuchen, Vergeltung zu üben. Wir sagen in Bulgarien: »Pazi, Boje, sliapo da progleda«, das heißt: »Herr, schütze uns vor dem Blinden, der wieder sehen kann.« Denn Vergeltung zu üben, ist immer die Versuchung, welche die Menschen an dem Tag bedroht, an dem sie ihre Fähigkeiten, ihr Vermögen oder ihre Macht zurückerhalten.

Alles, was geschieht, hat seinen Grund. Das ist die Gewissheit, die den Weisen charakterisiert, und darum kann nichts ihm sein Licht und seine Freude rauben. Selbst wenn viele Ereignisse für ihn noch unerklärlich bleiben, weiß er doch, dass er die Erklärungen eines Tages bekommen wird. Das Dasein, das ist wohl wahr, stellt uns oft vor Tatsachen und Situationen, die uns beim ersten Auftreten unverständlich erscheinen. Aber nichts ist schrecklicher und gefährlicher, als daraus zu schließen, das Leben habe keinen Sinn. Niemals wird der Weise denken, so wie es die sogenannten Philosophen tun, dass alles nur Zufall und Chaos ist. Welch ein Hochmut, zu behaupten, das Dasein sei ohne Sinn, wo man doch einfach nur unfähig ist, die Dinge zu verstehen!

Wenn ihr es wirklich wünscht, und wenn ihr arbeitet, werdet ihr euch früher oder später befreien. Im Augenblick erduldet ihr in der einen oder anderen Form eine Besetzung: Eindringlinge haben sich bei euch niedergelassen. Nehmen wir als Beispiel jemanden, der mit dem Rauchen aufhören möchte. Diese Gewohnheit, zu rauchen, gleicht einer Wesenheit, bei der er es zugelassen hat, dass sie sich bei ihm einnistet, und die ihn dazu drängt, weiterzurauchen. Er begreift jetzt, wie schädlich der Tabak für seine Gesundheit ist und fasst einen radikalen Entschluss: Von morgen an ist es mit dem Rauchen vorbei. Für ein, zwei oder auch drei Tage geht es gut, er rührt keine Zigarette mehr an. Aber dann verwirrt sich alles vor seinen Augen, er fühlt sich nicht gut, und schon kapituliert er.

Und was für den Tabak gilt, gilt auch für alle anderen schlechten Gewohnheiten, es ist unmöglich, sie auf einen Schlag herauszureißen. So wie der Bulgare mit den türkischen Besatzern, ist man gezwungen, sich ein wenig versöhnlich zu zeigen. Ja, aber nichts hindert einen daran, im Geheimen seine Befreiung vorzubereiten. Das ist auch der Rat, den ich all denen gebe, die Vegetarier werden wollen: nicht abrupt aufhören, Fleisch zu essen, sondern es nach und nach durch Nahrungsmittel zu ersetzen, die ihnen genauso gut schmecken. Es ist nicht besonders schwierig, seine Ernährungsgewohnheiten zu ändern, und heutzutage findet man noch dazu eine solche Vielfalt an Nahrungsmitteln!

Zahllos sind die Besatzer, denen der Mensch die Stirn bieten muss, all die instinktiven Impulse wie Eifersucht, Zorn, Begierde, Sinnlichkeit, Hochmut, Faulheit, die ihn plötzlich überkommen... Von diesen Besatzern ist die Faulheit die gefährlichste; aber ja, denn sie klammert sich an den Willen. Man begreift, was man tun sollte, man spürt, dass man es tun sollte, aber der Wille ist nicht da; und da der Wille der Ausgangspunkt jeder Entscheidung ist, sind es die schöpferischen Kräfte, die betroffen sind. Aber an dem Tag, an dem der Intellekt wahrhaft verstanden hat, was schön und gut ist, und das Herz es sich wünscht, ist der Wille gezwungen zu folgen. Ja, dann winkt endlich die Freiheit![2]

Es ist eine Sache, Feinde zu tolerieren, solange man nichts anderes tun kann, etwas anderes ist es, mit ihnen freundschaftliche Verbindungen zu pflegen. Insofern als sie Geschöpfe Gottes sind, haben auch unsere Feinde das Recht, zu leben und aktiv zu werden; und wenn man versucht, sie von gewissen Orten umzusiedeln, wo sie sich niedergelassen haben, werden sie protestieren: »Warum wollt ihr uns jetzt vertreiben?« Denn sie sind deshalb hereingekommen, weil man sie bewusst oder unbewusst eingelassen hat. Wäre die Grenze hermetisch geschlossen gewesen, hätten diese Wesen beim Versuch, sie zu überschreiten, eine Art elektrischen Schlag erhalten, wie die Tiere oder die Menschen, die versuchen würden, über einen Elektrozaun zu steigen.

Um diese Feinde, eure niederen Impulse, auszusperren, gibt es nur eine einzige Methode, und die besteht darin, die Grenzen eurer Seele zu schützen, indem ihr euch in steter Wachsamkeit übt. Jemand richtet beleidigende Worte an euch oder handelt auf eine Weise, die ihr missbilligt. Seid ihr dann nicht wachsam, lasst eurem Zorn freien Lauf und löst diese Bewegung erst einmal aus, beherrscht ihr nichts mehr, weder eure Worte noch eure Gesten noch euren Herzschlag.

Wie viele Menschen bedauern, dass sie so unbeherrscht reagiert haben! Sie geben sich das Versprechen, dies nie wieder zuzulassen, aber bei der ersten Gelegenheit explodieren sie aufs Neue. Nun, genau das ist Mangel an Wachsamkeit! Wäre ihr Bewusstsein wach, würden sie die Sekunde spüren, wo sie den Verlauf der Ereignisse noch bestimmen können. Ist diese Sekunde verstrichen und der Instinkt hat die Oberhand gewonnen, dann wird der Mechanismus des Zornes ausgelöst und nichts kann ihn mehr aufhalten.

Zu Beginn ist man Herr aller instinktiven Kräfte. Zum Schluss ist man ihr Sklave. Aber nichts ist von vornherein festgelegt. Dank der Wachsamkeit kann man diesen Zeitpunkt, zu dem man die Situation noch beherrscht, dazu nutzen, die Strömung zu lenken. Ist dieser Zeitpunkt jedoch vorüber, dient die Aufmerksamkeit zu nichts anderem mehr, als die Schäden festzustellen, die gerade entstehen.

Wachsam sein bedeutet, sich des Anfangs bewusst zu sein, und diese Wahrheit ist bis in für euch ungeahnte Bereiche gültig. Die Schwangerschaft zum Beispiel. Solange die Mutter das Kind in ihrem Bauch trägt, kann sie auf es einwirken, indem sie sich auf all die guten Dinge konzentriert, die sie sich für seine Gesundheit, seinen Charakter und seine Fähigkeiten wünscht.[3] Genau dort ist der Anfang. Ihr wendet ein: »Aber dieser Anfang dauert neun Monate!« Ja, ein Anfang hat keine festgelegte Dauer, er kann sich auf Monate und Jahre ausdehnen; er ist die Zeit, während der man Vorbereitungen treffen kann, indem man sich in Wachsamkeit übt.

Ein Krieg ist ausgebrochen und man kann sogar das Datum bestimmen, ja, aber er zeichnet sich schon über Jahre hinweg ab: Da lag sein Beginn, weit vor den ersten Kampfhandlungen. Was ist der Anfang für einen Krieg? Der Zeitpunkt der Bombenherstellung. Der Tag, an dem man sie abwirft, ist bereits das Ende. Man kann der Bombe nicht sagen: »Ich bitte dich, fall nicht auf die Menschen, die wir lieben«, denn sie wird antworten: »Monate lang habt ihr mich hergestellt und wusstet sehr genau, was ihr tatet, und ich habe auf euch gehört. Jetzt ist es an mir zu handeln.«

Jeder muss wissen, bis zu welchem Punkt er Herr der Lage bleiben kann. Solange ihr sagt: »Ich werde dieses ein wenig ausprobieren... ich werde von jenem ein wenig kosten...«, macht euch auf Überraschungen gefasst, die nicht immer angenehm sein werden. Ihr wollt auf diese Überraschungen verzichten? Nun, dann dürft ihr nicht damit anfangen. Solange ihr keinen Wein getrunken habt, habt ihr euer Gleichgewicht im Griff, nach fünf oder sechs Gläsern aber kann man euch lange auffordern: »Halt dich gerade, hör auf, hin und her zu schwanken!« Unmöglich dem nachzukommen, der Wein, der sich in euch wohl fühlt, tanzt weiter.

Ihr habt Betrunkene gesehen: Ihr Zick-Zack-Gang spiegelt sich in ihrer Stimmung wieder, die von einem Extrem ins andere wechselt. Sie lachen erst und weinen anschließend; sie wirken glückselig und dann wütend; sie schlafen unter dem Tisch ein und dann zerschlagen sie alles; sie beleidigen die Passanten oder sie werfen sich ihnen an den Hals, um sie zu umarmen. Aber der Wein ist nicht das Einzige, was Trunkenheit hervorruft, es gibt Gedanken und Gefühle, die dem Wein ähneln. Diejenigen, die unter dem Einfluss dieser Weine stehen, verirren sich in den Nebeln und den Dämpfen der Astralwelt, sie verlieren die klare Sicht der Dinge, ihr Gang und ihr Urteilsvermögen sind schwankend.

Aber es gibt auch eine göttliche Trunkenheit: die Ekstase. Und diese spezielle Trunkenheit verhilft zum Gegenteil, sie gibt eine klare Vision, sie erleuchtet das Bewusstsein. Ist es verboten, sich zu berauschen? Nein, Gott selbst hat dieses Bedürfnis im Menschen angelegt. Aber man muss die Trunkenheit oben suchen, in der Schönheit, im Licht, und dort von den reinen Quellen trinken, die auf den Gipfeln der spirituellen Berge sprudeln. Steigt empor und trinkt von ihren Wassern, und ihr werdet einen wunderbaren Rausch erfahren, der euch Gleichgewicht, Kraft und Klarheit schenken wird.

Wie viele Menschen sind sich der Gefühle und Gedanken bewusst, die ihr Herz und ihr Gehirn durchziehen? Wenn ihr jemandem begegnet, der euch fragt: »An was denken Sie?«, so ist es keineswegs sicher, dass ihr darauf antworten könnt. Nun, auf die gleiche Weise kann irgendjemand oder irgendetwas in euch eindringen, wie an Grenzen, wo es keinen Grenzschutz gibt oder wo die Grenzschützer schlafen. Weckt daher eure Grenzschützer, sonst wird euer Territorium von Verbrechern, von krankmachenden oder gefährlichen Produkten vereinnahmt. Auf welche Weise man die Dinge auch darstellt, es geht immer darum, eine Grenze zu schützen, wenn man nicht zum Opfer werden will.

Betrachten wir noch einmal denjenigen, der seinen Zorn nicht zu beherrschen weiß: Er weiß nicht, dass dort eine Kraft ist, die von weither kommt und die in ihn eindringen will. Er glaubt sogar, wenigstens für einen Moment, dass diese machtvolle Strömung ihm etwas von ihrer Macht übermittelt. Aber das ist eine Illusion, denn das, was mächtig ist, das ist diese Strömung und nicht derjenige, den sie durchströmt. Zudem fühlt sich der Unglücksrabe danach so geschwächt, dass alles in ihm zittert: die Kiefer, die Beine, die Hände.

Der Schüler einer Einweihungsschule hat verstanden, dass er die wahre Macht nur erlangen wird, wenn er den Energiestrom, der über ihn hereinbricht, zurückhält und beherrscht, indem er sich bemüht, ihn zu transformieren. Das Gleiche gilt für die Sexualenergie: Man stärkt sich beträchtlich, wenn man sie beherrscht. Und darum besitzen die Eingeweihten, die gelernt haben, den Aggressionstrieb sowie den Sexualtrieb zu beherrschen, so viel energetische Kräfte, um zu denken und zu sprechen, damit sie die Menschen aufklären können.[4]

Ohne Wachsamkeit ist kein dauerhafter spiritueller Zugewinn möglich: Wachsamkeit im Denken, im Fühlen und im Wollen. Das habe ich schon in jungen Jahren begriffen. Es ist mir vielleicht noch nicht gelungen, diese Wachsamkeit jede Sekunde zu praktizieren, aber ich habe wenigstens begriffen, wie wesentlich sie ist, und ich übe mich Tag und Nacht darin, denn sie stellt die Bremse dar, die es ermöglicht, diese chaotische Welt, die jeder Mensch in sich trägt, zu beherrschen. Daher ist sie nicht nur vor, sondern auch während jeder Handlung nötig.

Die Wachsamkeit gleicht einer brennenden Lampe, die vor uns hergeht. Darum ist nichts wichtiger, als mit dem Licht zu arbeiten. Einzig an die Macht des Lichtes glauben, sich mit dem Licht durchdringen, das Licht betrachten, es trinken und essen, das ist die wahre Wissenschaft! Alles andere Wissen ist völlig unzulänglich, und fühlt euch nicht vor den Kopf gestoßen, wenn ich euch sage, dass es das Wissen von Unwissenden ist.

Ihr seid gerade mit diesem oder jenem beschäftigt und ganz plötzlich verspürt ihr eine Klarheit, als wäre es Frühling... und doch ist es Winter! Diese Empfindung, die vielleicht nur eine Sekunde andauert, ist das Zeichen, dass ein Lichtstrahl euch durchdrungen hat. Wenn sich jedoch Dunkelheit in euch ausbreitet, gepaart mit einem Gefühl von Einsamkeit und Beklemmung, so müsst ihr wissen, dass es dort einen Eindringling gibt, der versucht, sich einzuschleichen, oder aber euer Bewusstsein war unterwegs und hat sich in eine feindliche Region verirrt, denn auch das kann geschehen. Verweilt nicht in diesem Zustand von Finsternis, ohne etwas zu tun, denn das ist eine offene Tür für noch schlimmere Ereignisse, die automatisch folgen werden. Werft sofort einen Blick in euer Inneres, um zu verstehen, was euch dorthin geführt hat; dann bemüht euch, mit Hilfe aller Methoden, die euch eine spirituelle Lehre gibt, den Weg wieder zu finden, der wieder zurückführt in den Kreis der Geister des Lichts und des Friedens.

Anmerkungen

1. Siehe Band 210 der Reihe Izvor »Die Antwort auf das Böse«, Kapitel 7: »Die Frage der Unerwünschten«.
2. Siehe Band 222 der Reihe Izvor »Die Psyche des Menschen«, Kapitel 5: »Die Schulung des Willens«.
3. Siehe Band 240 der Reihe Izvor »Söhne und Töchter Gottes«, Kapitel 14: »Die Erde bevölkern mit Söhnen und Töchtern Gottes«.
4. Siehe Band 221 der Reihe Izvor »Alchimistische Arbeit und Vollkommenheit«, Kapitel 12: »Die Sublimierung der Sexualkraft«.

Kapitel 4

Die Erwartung, die uns wach hält

Ihr betet, ihr bittet, dass das Licht euch aufsuchen und dass die Engel euch besuchen mögen... Aber, wenn sie sich dann zeigen, wie oft schaut ihr dann gerade woanders hin! Oder aber ihr erachtet andere Angelegenheiten als wichtiger oder dringender. Und dann beklagt ihr euch, dass das spirituelle Leben euch nichts bringt. Aber was kann es schon denjenigen bringen, die nach dem Licht und himmlischen Freuden verlangen, aber unfähig sind, sie wahrzunehmen, wenn sie ihnen dann begegnen?

Es macht keinen Sinn, zu bitten und zu beten, solange man nicht zuvor die Fähigkeit entwickelt hat, mit deren Hilfe man auch spüren kann, dass man erhört wurde. Diese Fähigkeit gleicht einem Gerät, das euch ankündigt, dass ihr eine Botschaft oder ein Geschenk empfangen werdet. Anstatt daher alle möglichen Beschwerden an den Himmel zu richten, bereitet dieses Gerät in euch vor, das bei seinem Nahen in Schwingung gerät, damit ihr auf Empfang schalten könnt.

Ein König und sein Gefolge müssen eine Stadt durchqueren: Trompeten und Trommeln kündigen es den Bewohnern an, damit sie die Straßen säubern, sie schmücken und sich bereithalten, ihren Herrn zu empfangen und ihm zuzujubeln. Auch wenn diese Art Ereignisse in der heutigen Zeit recht selten geworden ist, finden sie doch von Zeit zu Zeit in manchen Ländern noch statt. Aber auf der spirituellen Ebene empfängt die Erde jeden Tag auf diese Weise königlichen Besuch. Erhabene Wesen nähern sich ihr, begleitet von geflügelten Geschöpfen und Musikern, denn die Könige haben immer einen Hofstaat und manchmal sogar eine ganze Armee, die sie auf ihren Reisen begleiten. Die Naturgeister, Bewohner der Erde, des Wassers, der Luft und des Feuers, beeilen sich, um am Geleit teilzunehmen. All denen, die am Wegesrand warten, geben sie ihren Segen, wie einst die Fürsten im Vorüberziehen Goldstücke an ihre Untertanen verteilten. Gesegnet sind diejenigen, die den Klang der Instrumente wahrnehmen, von denen ein Besuch angekündigt wird: Ein Lichtfürst wird vorüberziehen, bereitet euch vor, legt eure schönsten Kleider an, seid dabei, wenn dieser Geleitzug, der vom Himmel herabsteigt, vorüberzieht.[1]

Oder wenn ihr ein anderes Bild vorzieht, denkt an Prozessionen, die zu Zeiten großer religiöser Feste stattfinden: Um sie vorbeiziehen zu sehen, reihen sich die einen entlang der Straße auf und die anderen lehnen sich aus Fenstern und von

Balkonen. Die Väter halten ihre Kleinsten mit ausgestreckten Armen hoch, damit sich ihnen beim Anblick der Ikonen etwas Heiliges in ihre Seele einprägt. Und anschließend kehren alle mit leuchtenden Gesichtern nach Hause zurück. Nehmt daher auch ihr am Vorüberziehen der himmlischen Prozession teil, denn genau da habt ihr die besten Bedingungen dafür, eure Bitten vorzubringen.

Der geistige Schüler erwartet zu jeder Zeit den Besuch eines Gesandten des Himmels, das Kommen des Messias, und weil er in Erwartung ist, werden alle feinstofflichen Zentren in ihm aktiv. Er ist wie Elisabeth, die Mutter von Johannes dem Täufer, die, als sie in einem sehr fortgeschrittenen Alter schwanger wurde, sagte: »Das ist die Gnade, die der Herr mir angedeihen ließ, als er einen Blick auf mich warf.« Er ist auch wie der Greis Simeon, dem »auf göttliche Weise durch den Heiligen Geist verkündet worden war, dass er nicht sterben würde, bevor er nicht den Christus des Herrn gesehen habe.« Als der neugeborene Jesus von seinen Eltern in den Tempel gebracht worden war, nahm Simeon ihn in seine Arme und sagte: »Jetzt, Herr, kannst du deinen Diener in Frieden gehen lassen, denn meine Augen haben dein Heil gesehen.«

Eine große Kraft wohnt in der Erwartung, sie ist es, die uns wach hält, damit in dem Moment, wo die Besucher kommen, wir bereit sind, ihnen unsere Seele und unseren Geist zu öffnen. Dieser

Gedanke ist auch in dem Gleichnis von den fünf weisen und den fünf törichten Jungfrauen aus den Evangelien enthalten.[2] Ich habe euch bereits erklärt, wie es zu verstehen ist. Bei der Ankunft des Gatten konnten die weisen Jungfrauen, die ihre Lampen mit Öl gefüllt hatten, den Festsaal betreten, die törichten Jungfrauen hingegen, die nicht daran gedacht hatten, Öl in ihre Lampen zu füllen, wurden nicht hereingelassen. Die weisen Jungfrauen, die ihre Lampen gefüllt hatten, sind das Symbol für diese unbedingt notwendige Wachsamkeit.

Und diese notwendige Wachsamkeit wird noch in der Passage hervorgehoben, wo Jesus zu seinen Jüngern sagt: »Seid gleich den Menschen, die darauf warten, dass ihr Herr vom Hochzeitsfest heimkehrt, um ihm die Tür zu öffnen, sobald er ankommt und anklopft. Glücklich sind diese Diener, die der Herr bei seiner Ankunft wach vorfindet! Ich sage es euch wahrhaftig, er wird sich gürten, sie am Tisch Platz nehmen lassen und zu ihnen kommen, um sie zu bewirten. Ob er beim zweiten oder dritten Erwachen kommt, glücklich seine Diener, wenn er sie wach vorfindet!« Diese Diener, die wach geblieben sind, während sie auf die Ankunft ihres Herrn warteten, wird der Herr nicht nur an seinen Tisch einladen, sondern Er wird sie bedienen.

Es ist diese Haltung der Erwartung, die uns fähig macht, die Ereignisse der unsichtbaren Welt wahrzunehmen, die Strömungen, die sie durchqueren, und die Wesenheiten, die uns ihre Segnungen bringen. Ihr sagt, dass ihr nichts seht. Vielleicht, aber es gibt Personen, die sehen. Und ist es übrigens unbedingt notwendig zu sehen? Wenn ihr nicht seht, könnt ihr zumindest fühlen, was noch viel wichtiger ist.

Spricht jemand von Erwartung, so ist das natürlich etwas Unerträgliches und sogar Sinnloses für den »modernen« Menschen, der ganz im Gegenteil in seine materiellen Beschäftigungen vertieft ist und es immer eilig hat, zum Ziel zu gelangen und der alles sofort haben will. Deshalb sind seine inneren Ohren verkümmert, er hört den Aufruf nicht, der ihn zum Fest einlädt, und er wird daher nicht daran teilnehmen. Der geistige Schüler hingegen bereitet sich auf die Ankunft des Herrn vor: Er benützt sein Denkvermögen und konstruiert so in sich selbst dieses Empfangsgerät und hat, dank seiner Erwartung, die Hoffnung, nicht abwesend, taub oder blind zu sein, wenn der Himmel sich öffnet, wenn der Geist erscheint. Er ist wie der Wächter auf der Spitze eines Turmes, der sorgsam auf die geringste Annäherung achtet.

Wie oft verspürt ihr Empfindungen, die nicht das Geringste mit der objektiven Realität des Augenblicks zu tun haben! Zu jeder beliebigen Tageszeit und inmitten der schwierigsten Umstände könnt ihr innerlich das Erscheinen der Morgenröte erleben, weil euer Bewusstsein sich in eine Region begibt, wo sich die Sonne tatsächlich gerade erhebt, und ihr ihre Strahlen empfangt. Und das Gegenteil geschieht natürlich auch.

Je besser ihr euch selbst beobachtet, desto besser versteht ihr die verschiedenen Phänomene und Ereignisse eures psychischen Lebens, die ihre Entsprechung zu dem haben, was sich in der Natur vollzieht: Morgenröte und Abenddämmerung, blauer Himmel und Unwetter, Wärme und Kälte, klare Luft und Nebel... Es ist so wichtig, auch und gerade diese Meteorologie zu erlernen! Selbst wenn ihr euch dessen nicht bewusst seid, lebt ihr innerlich in einer Welt aus unwägbaren, nicht greifbaren, aber sehr realen Materialien. An dem Tag, an dem ihr die Wirklichkeit dieser unsichtbaren Welt spürt, findet ihr euch in einer neuen Dimension wieder.[3] Und genau da werden euch die wahren Offenbarungen zuteil, ja, dort, in diesen feinstofflichen Welten, in die ihr eingebettet seid und die wirklicher sind, als alles, was man für gewöhnlich Wirklichkeit nennt.

Alles erhellt sich in dem Maße, wie ihr euch des Zieles bewusst werdet, auf welches ihr euch ausrichtet, und immer weitere Räume öffnen sich vor euch. Es sind eure inneren Empfindungen, die euch anzeigen, ob ihr wirklich für diese Welt des Lichtes erwacht seid, wo alles eine besondere Bedeutung annimmt.

Und zeigt euch niemals ungeduldig; im Gegenteil, lernt die Erwartung zu kultivieren, denn jeden

Moment könnt ihr eine Ankündigung, eine Neuigkeit, einen Lichtblick erfahren. Ihr erschafft auf diese Weise in euch eine Art photoelektrische Zelle, die euch ankündigen wird, dass eine Wesenheit, eine Strömung gerade vorüberzieht. Versucht sofort festzustellen, welcher Natur sie ist, und wenn ihr spürt, dass es eine dunkle Strömung ist, die euch belastet, bewegt euch, ändert die Stellung, tut sofort etwas, um sie zu neutralisieren.

Aber wenn ihr spürt, dass eine lichtvolle Strömung euch streift, bleibt unbeweglich, bis sie Besitz von euch ergriffen hat. Wenn ihr anfangt, euch bequemer hinsetzen zu wollen, um sie angeblich besser auffangen zu können, verliert ihr sie und ihr werdet sie nicht mehr einfangen können. Solche Strömungen warten nicht, sie ziehen vorbei. Es liegt daher an euch, zu lernen, wie ihr sie tief in eure Seele eindringen lassen könnt, damit sie euch dann den ganzen Tag lang bei all euren Aktivitäten begleiten.

Je spiritueller eine Strömung ist, desto schneller ist sie, und die göttlichen Strömungen ziehen vorüber wie der Blitz. Wenn euer inneres Gerät nicht sofort funktionsbereit ist, entgeht sie euch, wie ein sehr feiner Duft, der einem kostbaren Flakon entströmt. Was hartnäckig ist, sich aufdrängt, sich sogar einnistet, das sind die Manifestationen der niederen Welt. Seht, wie sehr die Instinkte in uns eingeprägt sind! Je weiter ihr auf dem Weg der Liebe und der Weisheit voranschreitet, desto fähiger werdet ihr, die Strömungen, die aus den höheren Welten kommen, aufzuhalten. Die lichtvollen Wesenheiten halten sich nicht bei denen auf, die nicht im Einklang mit ihnen schwingen, und darum sind Inspiration, Freude und Ekstase für die meisten Menschen nur sehr flüchtige Momente. Damit sie andauern, muss man diesen Wesenheiten die Bedingungen geben, die sie brauchen. Bereitet also euer Gehirn, euer Herz, eure Lungen und alle Zellen eures Körpers vor, indem ihr sie reinigt, damit sie eines Tages zu ihrem Wohnsitz werden.

Wie kommt es, dass der Weise glücklich ist? Selbst wenn er nicht die Augen verschließt vor all den Manifestationen des Bösen in der Welt und vor dem Leid, das daraus folgt, hält er seine Aufmerksamkeit immer auf das Vorüberziehen segensreicher Strömungen gerichtet, die ihn durchqueren, und er bemüht sich, diese zum Verweilen zu bewegen. Er hätte den Eindruck, den Himmel zu kränken, wenn er die Reichtümer und die Segnungen, die dieser jeden Tag über uns ergießt, ungenutzt vorbeiziehen ließe. Die große Schwäche der Menschen ist nicht, das Böse zu fühlen, sondern dabei zu verharren, und alles Negative wiederzukäuen. Wenn man sie bittet, über Momente der Freude zu sprechen, die sie in ihrem Leben erfahren haben, wie viele könnten sie dann wohl aufzählen? Wohingegen sie endlos Sorgen und Enttäuschungen aufzählen.

Viele unter euch hören mir zu, als würde ich Märchen für Kinder erzählen.[4] Das ist möglich. Aber entschließt euch, diese Erwartungshaltung zu pflegen und ihr werdet entdecken, dass diese Märchen die einzige Wirklichkeit sind. An manchen Tagen werdet ihr sicherlich trotz eurer Bemühungen euch den himmlischen Schwingungen zu öffnen, nichts spüren. Aber lasst euch nicht entmutigen, an einem anderen Tag wird es euch gelingen. Lang und schwierig ist der Weg, der in unsere himmlische Heimat führt, dennoch, wenn es eines gibt, was wir niemals anzweifeln dürfen, dann ist es die Tatsache, dass wir eines Tages das Ziel erreichen werden. Während das mit den irdischen Unternehmungen weit weniger sicher ist.

Wenn jemand drei oder vier Mal in einem Examen oder bei einer Wahl gescheitert ist, gibt man ihm zu verstehen, dass es sinnlos ist, darauf zu bestehen, und er muss aufgeben. Aber wenn es um unsere göttliche Bestimmung geht, müssen wir um jeden Preis Beharrlichkeit zeigen. Anders gesagt, wenn manche sich fragen, ob man Pessimist oder Optimist sein sollte, stellen sie die Frage falsch. Die eigentliche Frage besteht darin, zu wissen, unter welchen Umständen man pessimistisch sein sollte und unter welchen man optimistisch sein kann. Nun, man kann nur Optimist sein, wenn man den göttlichen Weg einschlägt: Dort wird man eines Tages schließlich das Ziel erreichen.

Anmerkungen

1. Siehe Band 242 der Reihe Izvor »Unerschöpfliche Quellen der Freude«, Kapitel 18: »Der Besuch der Engel«.

2. Siehe Band 217 der Reihe Izvor »Ein neues Licht auf das Evangelium«, Kapitel 9: »Das Gleichnis von den fünf törichten und den fünf klugen Jungfrauen«.

3. Siehe Band 219 der Reihe Izvor »Geheimnis Mensch. Seine feinstofflichen Körper und Zentren – Aura, Solarplexus, Harazentrum, Chakras«.

4. Siehe Band 242 der Reihe Izvor »Unerschöpfliche Quellen der Freude«, Kapitel 16: »Die Pforten zur Traumwelt öffnen«.

Kapitel 5

»Wenn dein Auge rein ist, wird dein ganzer Körper im Licht sein«

Es heißt in den heiligen Büchern, die menschliche Seele habe die Macht, den Himmel in Bewegung zu versetzen. Ja, die Seele vermag den Himmel zu bewegen, aber einzig durch ihr Begehren, das Licht zu erlangen. Wenn sie dem Nachdruck verleiht, es fordert, inständig bittet, kann der Herr, der Licht ist, es ihr nicht verweigern. Die menschliche Seele ist genauso mächtig wie Gott, wenn sie sich das Licht wünscht, aber einzig das Licht, nichts anderes. All die anderen Gebete können mehr oder weniger gehört werden, aber wenn sie nach dem Licht verlangt, wird sie erhört. Wann? Das hängt von der Stärke ihres Begehrens ab und von ihrer Hartnäckigkeit bei der Arbeit.[1]

In der Tat ist kein Mensch, selbst keiner der größten Weisen, jemals dem Leib seiner Mutter entstiegen und war sofort von diesem göttlichen Licht umhüllt. Wieviel Trübsal, wieviel Leid musste der Weise durchleben, um seinen Weg zu finden, um – sobald er ihn gefunden hatte – niemals mehr von ihm abzuweichen! Lange Zeit hat auch er Tränen vergossen und inständig gebetet. Ungerechtigkeiten, Beschimpfungen und Verrat berühren ihn nicht besonders; er weint und fleht nur inständig, um das Licht zu empfangen und zu bewahren. Und diese für das Licht vergossenen Tränen werden von den Engeln sorgsam eingesammelt.

Beim Anblick mancher Menschen, bei ihrem Gesichtsausdruck, ihrem Blick, bei allem, was sie ausströmen, kommt einem sofort das Wort Licht in den Sinn. Als seien sie fähig, in ihrem Herzen und in ihrer Seele eine unwägbare Materie herzustellen und diese dann in Form von Licht auszustrahlen. Oder auch, als hätten sie etwas vom im Raum verteilten Licht aufgefangen und es in sich kondensiert. Ihr gesamter Körper scheint aus einer durchscheinenden Substanz zu bestehen, in deren Innerem eine Flamme brennt. Das ist zweifellos die Empfindung, die man gegenüber Rabbi Simon bar Yochai verspürt haben muss, der in der jüdischen Überlieferung »heilige Lampe« genannt wurde.

Für viele bleibt dieses Licht ein großes Mysterium, weil sie nicht wissen, dass es das Ergebnis sehr reeller Prozesse des inneren Lebens ist. Der Weise oder der Eingeweihte hat es durch beständige Arbeit an jedem seiner Gedanken, Gefühle, Wünsche und an jeder seiner Handlungen erlangt. Aus jedem Gedanken, jedem Wunsch, jedem Gefühl und jeder Handlung, die er noch selbstloser, großzügiger und reiner manifestieren kann, holt er eine unendlich kleine Menge an Licht heraus.[2]

Wir alle besitzen die Fähigkeit, diese Arbeit zu verwirklichen oder wenigstens mit ihr zu beginnen. Das Licht ist die reinste Form der Materie in der Schöpfung, und durch Meditation und Konzentration können wir aus allem, was um uns herum existiert, einige Lichtatome herausziehen, um sie unserer eigenen Substanz einzuverleiben. Natürlich finden wir dieses Licht vor allem in der Sonne, aber auch in der Luft, die wir atmen, in den Getränken und in den Lebensmitteln, die uns jeden Tag als Nahrung dienen.

Besitzen wir erst einmal ein wenig von diesem Licht, haben wir alle Möglichkeiten, es zu vermehren. Und wie? Indem wir es mit dem göttlichen Licht verschmelzen. Es ist diese Verschmelzung, wonach es am meisten strebt. Aber es gibt eine Bedingung: dass der Weg, der es bis zum göttlichen Licht führt, von allen Unreinheiten befreit ist. Es sind die Unreinheiten, die das Verschmelzen verhindern. Auf einer vollkommen reinen Oberfläche können verteilte Quecksilbertropfen miteinander verschmelzen; ist aber nur ein wenig Staub vorhanden, ist das Verschmelzen unmöglich. Das Gleiche gilt für das Licht in uns. Indem wir uns reinigen, beseitigen wir die Hindernisse, die es vom Licht Gottes trennen, bis es eines Tages nur noch ein einziges Licht mit ihm bildet. Nichts wird sie dann mehr trennen können.

Dieses innere Licht, das nur danach verlangt, sich mit dem göttlichen Licht zu vereinen, das ist unsere Seele. Sie hat so viele Wege gehen müssen, dass sie jetzt mit irdischem Staub bedeckt ist. Aber wenn wir sie einmal von diesem Staub befreit haben, wird sie Gott entgegeneilen und sich auf ewig mit Ihm vereinen.

Ihr könnt euch viele Dinge für euer Glücklichsein wünschen, aber an die erste Stelle müsst ihr das Licht setzen. Auf dem Lebensweg möge es euer Begleiter und gleichzeitig das zu erreichende Ziel sein. Und vermeidet alles, was euch von diesem Ziel abbringen kann, indem ihr euch darum bemüht, euer inneres Auge zu entwickeln.

Das Auge im Zentrum eines Dreiecks ist im Christentum und in manchen spirituellen Bewegungen ein sehr verbreitetes Symbol. Es repräsentiert das Auge Gottes, das alles sieht. Das bedeutet nicht, wie manche es auf naive Weise glauben, dass Gott damit beschäftigt ist, uns zu beobachten und all unsere guten wie schlechten Taten zu notieren, um uns anschließend zu bestrafen oder zu belohnen. Dieses Auge ist auch in uns. Es ist dieses Auge, das uns ansieht, über uns wacht, und wenn wir uns seiner Gegenwart bewusst sind, werden wir auf dem Weg des Lichtes voranschreiten ohne zu riskieren, dass wir uns verirren.

Die hinduistischen Weisen erwähnen ebenfalls dieses Auge, das für sie an der Nasenwurzel liegt und im System der Chakras dem Ajna-Chakra entspricht.[3] Die Yogis konzentrieren sich darauf, um die Hellsicht zu entwickeln. In unserer Lehre jedoch lenken wir unsere Bemühungen nicht in diese Richtung, denn die Hellsicht ist eine psychische Fähigkeit, die Gefahren in sich birgt, wenn bestimmte moralische Qualitäten wie Rechtschaffenheit, Demut und Charakterstärke nicht zuvor genügend entwickelt wurden.[4]

Das göttliche Licht dringt in uns ein, indem es durch dieses spirituelle Auge hindurchfließt, um sich dann in unserem ganzen Körper auszubreiten. Und darum sagte Jesus: »Das Auge ist das Licht des Leibes. Wenn dein Auge lauter ist, so wird dein ganzer Leib licht sein« (Mt 6,22).

»Wenn dein Auge rein ist, wird dein ganzer Körper im Licht sein.« Man muss deshalb verstehen, dass das, was auch Jesus »Auge« nennt, ein spirituelles Organ ist und sich von unseren physischen Augen unterscheidet, die uns lediglich ermöglichen, die materiellen Wirklichkeiten wahrzunehmen. »Wenn dein Auge rein ist...« Wir arbeiten an der Läuterung dieses Auges, indem wir großzügige und selbstlose Gedanken, Gefühle und Wünsche nähren, in dem Bewusstsein, dass uns dieses Auge ebenso schützt. Denn es überwacht uns. Und es ist wünschenswert, sich überwacht zu fühlen, denn das hindert uns daran, Irrtümer zu begehen. Wir sollten es sogar darum bitten, immer einen Blick auf uns gerichtet zu halten, und uns freuen, wenn wir in dem Augenblick, in dem wir abweichen, schon allein durch das Fühlen dieses Blickes auf dem richtigen Weg gehalten werden.

Solange das moralische Bewusstsein eines Menschen nicht genügend entwickelt ist, ist diese Überwachung notwendig, ja heilsam. Derjenige, dessen Bewusstsein vertieft, gefestigt und erhellt ist, braucht im täglichen Leben nicht beaufsichtigt zu werden, er arbeitet sogar besser, wenn er sich frei fühlt. Wenn er ständig einer Kontrolle unterworfen ist, empfindet er dies als einen Mangel an Vertrauen. Er leidet darunter und arbeitet weniger gut oder hört sogar auf zu arbeiten. Auf der spirituellen Ebene, von der wir sprechen, muss der Mensch einen sehr hohen Entwicklungsgrad erreicht haben, das volle Bewusstsein von der Bedeutung des kosmischen Werkes, an dem er teilnimmt, erworben haben, damit die Überwachung des Gottesauges nicht mehr notwendig ist. Doch unterdessen ist diese Überwachung sein Schutz, und er sollte sie nicht nur akzeptieren, sondern sie sogar erbitten.

Der Weise, der Eingeweihte arbeitet lange daran, aus seinem Körper einen Wohnsitz für das Licht zu machen. Und so wie die Sonne, die ihre Strahlen in den Raum hinaus strahlt, strahlt er dann mit Hilfe seiner Schwingungen, seiner Emanationen, seiner Blicke, seiner Worte und seiner Gesten, das Licht um sich herum aus. Und selbst ohne dass er es beabsichtigt oder dass er sich dessen bewusst wäre, umfasst diese natürliche, spontane Strahlung, die seinem innersten Wesen entstammt, alle Geschöpfe, und sie nehmen so viel davon auf, wie sie vermögen.

Doch der Eingeweihte kann auch auf bewusste, gewollte Weise wirken, und sich entschließen, einen Blick auf bestimmte Orte, auf ganz bestimmte Menschen zu werfen oder einen Energiestrahl dorthin zu senden. Man kann daher sagen, dass es zwei Arten von Strahlung gibt: die eine, die durch die alleinige Tatsache, dass sie existiert, sich spontan in alle Richtungen des Raumes ausbreitet und so einen Kreis, eine Kugel bildet; und die andere, die bewusst und willentlich ist und sich geradlinig in eine festgelegte Richtung ausbreitet.

Der Kreis ist die Projektion der Kugel auf eine horizontale Ebene, und wir können in ihm eine Darstellung des Unbewussten sehen. Der Strahl stellt das aktive Bewusstsein dar, und das Zentrum des Kreises ist das ruhende Bewusstsein. Wenn der Mensch sich entschließt zu handeln, kann man sagen, dass er einen Arm ausstreckt und den Umkreis des Kreises beschreibt; nimmt er den anderen dazu, hat man den Durchmesser; dann macht er einen Schritt nach vorne, dann einen nach hinten, und das ist ein zweiter Durchmesser, der mit dem ersten zusammen ein Kreuz bildet.[5]

Das Kreuz stellt den Menschen dar, der erwacht und in die vier Richtungen des Raumes hinein zu wirken beginnt. Aber bald, von der Kreuzung der beiden horizontalen und vertikalen Linien ausgehend, kann auch er bewusst Strahlen in neue Richtungen aussenden. Auf ihren

Bildern haben manche Maler Christus von Strahlen umgeben dargestellt, was bedeutet, dass er mit seinem Bewusstsein gegenwärtig ist und in allen Bereichen des Universums wirkt. Christus, das kosmische Prinzip, sendet sein Licht überall hin und ohne Ausnahme, er lässt der Finsternis keinen Platz, er ist wahrhaft die heilige Lampe. Und wir nähern uns durch unsere Arbeit dieser Lampe, um eines Tages fähig zu sein, ebenfalls das Licht in uns zu tragen und es zu verbreiten.

Anmerkungen

1. Siehe Band 305 der Reihe Broschüren »Das Gebet«.
2. Siehe Band 241 der Reihe Izvor »Der Stein der Weisen«, Kapitel 6: »Ihr seid das Licht der Welt« und Kapitel 14: »Das Gold des wahren Wissens: der Alchimist und der Goldsucher«.
3. Siehe Band 219 der Reihe Izvor »Geheimnis Mensch, seine feinstofflichen Körper«, Kapitel 7: »Die Chakras Ajna und Sahasrara«.
4. Siehe Band 228 der Reihe Izvor »Einblick in die unsichtbare Welt«, Kapitel 4: »Die Hellsichtigkeit: Aktivität und Rezeptivität«.
5. Siehe Band 218 der Reihe Izvor »Die geometrischen Figuren und ihre Sprache«, Kapitel 6: »Das Kreuz«.

Kapitel 6

Der Ernst, die Tränen, das Lachen, das Feiern

Im Laufe eines Tages habt ihr verschiedene Begegnungen, empfangt verschiedene Informationen und habt verschiedene Probleme zu lösen. Auf diese Weise verspürt ihr sehr vielfältige Eindrücke, angenehme oder unangenehme, die sich zwangsläufig in eurer Stimmung widerspiegeln. Es ist daher natürlich, vom Ernst zum Lachen, vom Lachen zur Traurigkeit oder sogar zu Tränen überzugehen und umgekehrt. Jeder Zustand hat seine Berechtigung, wesentlich ist jedoch, ihn zu leben und dabei zu wissen, dass es dabei immer etwas zu verstehen gilt.

Aber ob es nun der Ernst, das Lachen oder die Tränen sind, jede dieser Äußerungen kann die verschiedensten Ursprünge und Bedeutungen haben. Wer seine egoistischen Interessen zu befriedigen sucht, hat ein ernstes Aussehen; aber der Ernst lässt sich auch vom Gesicht desjenigen ablesen, der sich fragt, wie er Gestrauchelte retten kann. In beiden Fällen spricht man von Ernst, aber welch ein Unterschied im Ausdruck! Und das Lachen... Es gibt dummes Lachen, vulgäres, heuchlerisches, boshaftes Lachen, aber auch feines, offenes

Lachen, voller Liebe, wie eine sprudelnde Quelle. Ja, denn die Quelle lacht, indem sie großzügig das Wasser des Lebens verströmt.

Was die Tränen angeht, so verbindet man sie allgemein mit Kummer, aber in Wirklichkeit kann jede beliebige Empfindung Tränen hervorrufen. Und da die Empfindungen, die wir verspüren, von beliebiger Art sind, so sind auch die Tränen verschiedener Art. Es gibt Tränen der Traurigkeit, des Zorns, des Ärgers, der Enttäuschung, und es gibt auch Tränen der Freude, des Entzückens. Die Poesie, die Malerei, die Musik, sie können unsere Augen mit Tränen füllen, aber auch bestimmte menschliche Verhaltensweisen, wenn sie besonders schön und edel sind. Und in ihren Erzählungen beschreiben die Mystiker Tränen, die durch Ekstase hervorgerufen werden.

In dem Maße, wie die Tränen eine gewisse innere Spannung lösen, welchen Ursprungs sie auch sein mag, sind sie nützlich. Aber natürlich sind die Tränen der Freude und des Entzückens die segensreichsten. Trocknet diese Tränen nicht mit dem Handrücken, sie sind kostbar. Meister Peter Danov riet uns, sie in einem sauberen Taschentuch aufzufangen, und dieses Taschentuch sorgfältig aufzubewahren, denn solche Tränen besitzen eine große Kraft. Die Tränen des Ärgers, des Kummers, des Zorns, die lasst trocknen, sie sind nur ein wenig Salzwasser, aber bewahrt die Tränen auf, die den Tiefen eurer Seele entrissen wurden.

Tränen der Freude stärken uns, verschönern uns, verjüngen uns. Manch einer denkt, niemals zu weinen sei ein Beweis von Charakter. Nein, weil es eben davon abhängt, warum man weint. Es kann vorkommen, dass die Blumen unseres inneren Gartens bewässert werden müssten, wenn sie zu welken beginnen oder wenn sie mit Staub bedeckt wurden. Dann beleben die Tränen sie und waschen sie sanft.

Ebenso wie Tränen keine Charakterschwäche kennzeichnen, ist das Lachen nicht immer ein Zeichen von Sorglosigkeit oder mangelnder Ernsthaftigkeit. Mit anzusehen wie Meister Peter Danov gelegentlich aus vollem Herzen lachte, hat mich nachdenklich gemacht. Ich habe begriffen, dass das Lachen viel segensreicher auf die geistige Verfassung einwirkt als dieser Ernst, diese Strenge, von der viele glauben, sie sei eine Charakteristik des Weisen. Denn im Lachen sind lebendige Energien enthalten, die das Gehirn nähren.

Kinder lachen oder lächeln ganz spontan. Noch bevor es sprechen kann, empfängt das Baby seine Eltern und die vertrauten Personen, die sich über seine Wiege beugen, mit einem Lächeln oder Lachen. Das Lachen von Kindern ist deshalb so angenehm, weil es der Ausdruck des Lebens, der Liebe ist. Wie viele Großeltern schöpfen im Lachen ihrer kleinen Enkelkinder ein wenig von dieser Wärme, die bei ihnen selbst immer mehr abnimmt! Denn die Kinder werden ununterbrochen von Strömungen durchzogen, die zu ihrer physischen, emotionalen und mentalen Entwicklung beitragen. Ihre Speicher füllen sich mit Energien und ihr Lachen ist eine Explosion des Lebens.[1]

Das Lachen ist ein Mittel, Leben zu übermitteln. Sobald ihr lacht, strömen Energien über, die ihr in euch angesammelt habt, und ihr habt das Bedürfnis, etwas mit den anderen zu teilen. Jedes Mal, wenn ihr das Leben in euch zunehmen fühlt, verspürt ihr den Wunsch, eure Freunde zu treffen oder neue Bekanntschaften zu machen, weil ihr etwas zu geben habt: Der Überschuss an Leben in euch verlangt danach, irgendwo ausgegossen zu werden, und das Lachen zwischen Freunden ist oft ein Ausdruck von dem Bedürfnis, Leben zu übermitteln. Wenn die Speicher jedoch leer sind, habt ihr nicht die geringste Lust zu lachen, ihr habt nichts zu geben.

Wenn wir lachen, geben wir Leben, aber wir empfangen es auch. Beobachtet euch, wenn ihr lacht: Ihr spürt, dass durch den Bereich des Bauches Leben in euch eindringt. Diese Verbindung zwischen Bauch und Leben ist beachtenswert: Das Wort jivot, das im Russischen »Bauch« bedeutet, heißt im Bulgarischen »Leben«. Das Leben kommt aus dem Bauch, und durch das Lachen intensivieren wir das Leben, das sich dann im ganzen Organismus ausbreitet: die Lungen und das Herz funktionieren besser, und sogar das Gehirn. Die Entspannung, die das Lachen hervorruft, fördert im Gehirn die Geschmeidigkeit, es wirkt segensreich auf die Aktivität des Denkens und sogar das Gedächtnis verbessert sich.

Lachen erlaubt, wie ein Ball zurückzuprallen. Es gibt Ereignisse, die zunächst keinen Anlass zum Lachen geben, aber sie lassen sich leichter ertragen, wenn wir uns angewöhnt haben, die komische Seite mancher Situationen zu sehen, anstatt sie übertrieben ernst zu nehmen. Beraubt euch daher niemals dieses machtvollen Mittels, des Lachens, um euer inneres Gleichgewicht aufrechtzuerhalten und das Dasein leichter zu machen. Nur weil man Grund dazu hat, verstimmt, traurig, mutlos zu sein, darf man keineswegs akzeptieren, in diesem Zustand zu verweilen.[2]

Auch ich spüre oft die Last des Daseins und bin gezwungen, mich zu überwachen, damit die Waage sich nicht zur negativen Seite neigt, damit das Leben nicht seine Farben verliert. Es gibt Momente, wo ich wirklich nicht die geringste Lust zu lachen verspüre, aber was mache ich? Oft wende ich mich an Nastradin Hodja, ich erinnere mich an seine Abenteuer, an seine Worte, bei denen man nicht immer weiß, ob sie weise oder unsinnig sind, und auch auf diese Weise komme ich wieder ins Gleichgewicht.[3]

Ich kann nicht leugnen, dass das tägliche Leben allen möglichen Spannungen unterworfen ist: In den Familien, bei der Arbeit, in der

Gesellschaft, wie viele Verpflichtungen, Sorgen, Enttäuschungen und Trauer gibt es da! Und was für Energien muss jeder in sich jedes Mal im Zaum halten, um dem die Stirn zu bieten und es zu ertragen! Von Zeit zu Zeit haben wir das Bedürfnis, diese Energien freizusetzen. Die Eingeweihten haben dies richtig verstanden; so weit man zeitlich auch zurückgeht, haben sie deshalb zu bestimmten Zeiten des Jahres, entsprechend den astronomischen Konstellationen, Volksfeste eingeführt. Selbst die christlichen Feste gehen meist auf antike, heidnische Feste zurück, nur in einer anderen Form und mit einer anderen Bedeutung.[4] Beim Herannahen dieser Feste organisiert man Belustigungen: Man sammelt Lebensmittel, man fertigt Dekorationen, Festkleidung und sogar Verkleidungen.

Haben die Eingeweihten diese Feste einzig dazu eingerichtet, dass die Menschen sich amüsieren? Nein, ihre Absicht war zunächst einmal, eine Pause zu schaffen, den Rhythmus der Arbeit zu unterbrechen, die zur damaligen Zeit keine Unterbrechungen kannte und ermüdend war, denn man kannte noch keine Ferien, keine Ruhezeiten. Diese Eingeweihten wollten wenigstens für einen Moment das Bewusstsein so vieler Männer und Frauen befreien, die von den Aufgaben, die sie verbrauchten und ihre Gesundheit ruinierten, niedergedrückt waren; sie wollten Ventile schaffen, die ihre unterdrückten psychischen Energien befreiten. Und diese Feste, mit ihren Liedern, Tänzen, Spielen, dem Lachen und den Begegnungen, ermöglichen diese Befreiung, und sie schaffen auch ein brüderliches Klima, von dem sich jeder getragen und gestützt fühlt.

Aber mit diesen Festen hatten die Eingeweihten noch ein anderes Ziel: Sie wollten die Menschen dahin bringen, in feinstofflicheren Regionen nach Energien zu suchen, um ihr Herz und ihre Seele zu regenerieren und zu beleben. In diese Atmosphäre freudigen, wohltuenden Austausches kommen lichtvolle Wesenheiten, um Energien zu schöpfen, und anschließend verwenden sie diese, um ihre Arbeit überall in der Welt fortzusetzen. Wollt ihr sie in dieser Arbeit unterstützen? Vertraut auch ihr ihnen bewusst eure Freude an, all diesen geistigen Reichtum, den euch ein Fest verschafft, damit andere davon profitieren. Diese Freude und dieser Reichtum werden verstärkt zu euch zurückkommen.

So verstehen die Eingeweihten in ihrer Weisheit ein Fest. Denn auch wenn es wahr ist, dass die Weisheit ernsthaft ist, so ist sie doch auch fröhlich. Wenn ihr das einmal begreift, werdet ihr spüren, dass die Energie, die ihr aus der Fröhlichkeit schöpft, die Speicher eurer Ernsthaftigkeit nährt. Wie viele neue Möglichkeiten werden sich euch dann bieten, damit ihr euch am Reichtum und am Sinn des Lebens erfreut!

Anmerkungen

1. Siehe Band 4 der Reihe Gesamtwerke »Das Senfkorn«, Kapitel 7: »Das Kind und der Greis«.
2. Siehe Band 18 der Reihe Gesamtwerke »Erkenne dich selbst – Jnani Yoga«, Kapitel 8: »Die Liebe«.
3. Im Jahre 1396 wurde Bulgarien vom Ottomanischen Reich annektiert und blieb bis 1878 unter seiner Herrschaft, und so unterlag auch seine Kultur dem Einfluss des Islam. Mullah Nasrudin (Nastradin Hodja für die Bulgaren) ist der facettenreichste Held zahlreicher humoristischer Anekdoten, der dazu diente, gewisse Aspekte der Sufi-Lehre zu illustrieren. Siehe Idries Shah: »Die Großtaten des unvergleichlichen Mullah Nasrudin«.
4. Siehe Band 32 der Reihe Gesamtwerke »Die Früchte des Lebensbaums«, Kapitel 17: »Die Kardinal-Feste«.

Kapitel 7

Die Lampe des Weisen ist voller Heiterkeit

Der Ursprung eines Leidens oder eines unentwirrbaren inneren Zustandes ist oft eine bedeutungslose Kleinigkeit, aber da ihr euch nicht weiter darum gekümmert habt, hat diese Kleinigkeit schließlich alles in euch blockiert. Ein wenig Feuchtigkeit, ein Haar, ein Staubkörnchen, und schon funktioniert ein Apparat nicht mehr. Die verschiedenen Teile sind weiterhin vorhanden, nicht eines fehlt, aber er funktioniert nicht mehr. Und ihr, ihr habt immer noch euren Geist, eure Seele, euren Intellekt, euer Herz, euren physischen Körper mit euch, und doch fühlt ihr euch mutlos, entkräftet, verloren, und all das aufgrund von ein wenig Staub! Nun, was ist da zu tun? Sobald Staub erscheint, pustet darauf und alles kommt wieder in Ordnung.

Ihr fragt: »Pusten? Wie denn pusten?« Wenn in unserer bulgarischen Bruderschaft Brüder oder Schwestern zu Meister Peter Danov kamen und ihm ihre ganze Leidensgeschichte erzählten, fing er manchmal an zu lachen, und dieses Lachen war so ansteckend, dass sie einige Sekunden später auch lachten. Das Lachen des Meisters tat ihnen gut, denn es war das Lachen eines Weisen. Oh ja, lachen ist eine Art zu pusten. Aber, natürlich, wenn jemand zu euch kommen sollte, um von seinen Schwierigkeiten und seinen Sorgen zu sprechen, so rate ich euch nicht unbedingt, diese Methode anzuwenden. Warum? Weil euer Lachen vielleicht noch nicht das eines Weisen ist.

Und was ist so besonders an diesem Lachen eines Weisen? Es ist das Lachen der Freiheit. Das, was der Weise verstanden hat, befreite ihn von unnützen Lasten des Daseins, er ließ in seinem Inneren die wolken- und staubreichen Gegenden hinter sich, das heißt, die Astralebene und die niedere Mentalebene, um sich bis zu den Regionen zu erheben, wo eine ewige Sonne scheint.

Und diese Weisheit, die er zum Preis so vieler Anstrengungen erworben hat, an diejenigen weiterzugeben, die mit ihm leben oder zu ihm kommen, das ist der einzige Wunsch des Weisen. Aber wie viel Zeit ist nötig, um den Menschen das zu vermitteln, was man selbst verstanden hat! Das Einzige, was der Weise daher unmittelbar vermitteln kann, ist die Freude, die er aus dieser Weisheit schöpft, diese Freude, die sein Herz erfüllt, die aus seinem Herzen hervorquillt, und das Lachen ist der Ausdruck dieser Freude, die man auch Liebe nennen kann. Und diese Freude, diese Liebe, die bis zu den Menschen gelangt, zwingt sie zum Nachdenken. Zumindest beginnen sie sich zu fragen, auf welchem Weg auch sie zu diesem Bewusstseinszustand gelangen könnten.

Natürlich gäbe es noch vieles über das Lachen und seine Bedeutung zu sagen. Philosophen, so zum Beispiel Aristoteles, Descartes oder Bergson, haben sich mit diesem Thema befasst. Manche Personen haben hervorgehoben, dass im Evangelium erwähnt ist, dass Jesus geweint hat, aber niemals, dass er gelacht hat. Aber was weiß man schon wirklich über das Leben Jesu?

Und was die Moralisten angeht, so gilt für sie, was seit Jahrhunderten gesagt wird: »Nur zitternd lacht der Weise.«* Warum? Weil das Lachen, das sehr oft gleichbedeutend ist mit »sich lustig machen«, mit Respektlosigkeit und mit Geringschätzung, zu einer gefährlichen Waffe werden kann.

Übrigens erleben wir es heutzutage immer öfter, wie Humoristen alle Welt zum Lachen bringen, indem sie sich über alles und jeden lustig machen, und ganz besonders über Leute im Blickfeld der Öffentlichkeit, von den Politikern bis hin zum Klerus. Und unter dem Vorwand, dass der Klerus lächerlich sein kann, packt man die Gelegenheit beim Schopf und macht die Religion gleich mit lächerlich. Diejenigen, die dies tun, und diejenigen, die sie dazu ermutigen, indem sie applaudieren, sind sich der verheerenden Wirkung eines

*Findet sich u. a. bei Baudelaire (frz. Dichter) in einem Essay über das Lachen.

solchen Verhaltens nicht bewusst. Man löscht auf diese Weise alles aus, was heilig ist, all das, was es verdient, geschätzt und geachtet zu werden. Jeder fängt an zu denken, dass er das Recht habe, alles und jeden ins Lächerliche zu ziehen, das gibt ihm ein Gefühl der Überlegenheit.

Ihr sagt: »Aber man weiß, dass das alles nur ein Spiel ist.« Vielleicht, dennoch bleibt es indessen etwas, was für niemanden gut ist. Auch für diejenigen nicht, die sich lustig machen, denn oft ziehen sie Menschen ins Lächerliche, die zwar unvollkommen, ihnen aber dennoch überlegen sind. Was also glauben sie auf diese Weise zu gewinnen?... abgesehen vom Geld, natürlich. Wieso sind sie sich nicht bewusst, dass sie auch dabei sind, etwas in sich selbst zu zerstören?

Und was gibt es über die schädlichen Auswirkungen dieses Verhaltens in Bezug auf die Erziehung der Kinder zu sagen? Damit sich die Kinder richtig entwickeln, müssen sie die Erwachsenen respektieren. Und wenn wir ihnen fortwährend ihre Eltern, ihre Lehrer und die Regierenden ihres Landes als lächerliche und groteske Personen vor Augen halten, dürfen wir uns anschließend nicht wundern, dass sie nichts und niemanden mehr achten. Und dann beklagen wir uns: »Diese Jugendlichen sind unerträglich, welch eine Unverschämtheit! Seht nur, wie sie sich erdreisten, den Erwachsenen ins Gesicht zu lachen!« Aber bei wem liegt die Schuld? Wer hat ihnen das vorgemacht?[1]

Gesten, Verhaltensweisen und Worte bieten so viele Gelegenheiten, wo jeder sich in einer lächerlichen Situation wiederfinden kann. Jemand spricht undeutlich, verwendet ein unpassendes Wort, drückt sich ungeschickt aus oder stolpert und schon lacht alle Welt. Nachdem wir gelacht haben, fühlen wir uns gut, aber wie fühlt sich derjenige, über den gelacht wurde? Allein derjenige, der sich lächerlich fühlt, hat das Recht über sich selbst zu lachen; die anderen sollten sich etwas zurückhaltender zeigen. Was allerdings diejenigen angeht, die sich über Personen lustig machen, die an einem Gebrechen leiden, das ist wahrhaftig kriminell, und die göttliche Gerechtigkeit zeigt sich da unnachsichtig. Niemand ist vor einem Unfall sicher, und wer sich so über andere lustig macht, der bindet sich karmisch an sie. Ohne es zu wissen, lenkt er schädliche Strömungen auf sich, deren Opfer er eines Tages wird.

Nichts kann verletzender sein, als Spott. Manche Frauen haben sich niemals ganz vom Spott erholt, den sie in ihrer Kindheit erfahren haben; weil sie zu mager oder vor allem zu dick waren, gab man ihnen in ihrer Familie und in der Schule alle möglichen Beinamen. Viele haben mir dies anvertraut. Wie viele Personen hätten lieber Schläge eingesteckt, als verspottet zu werden! Leider ist es zurzeit so: Schläge werden durch das Gesetz bestraft, doch kann der erst beste Typ daherkommen und öffentlich die ehrenwertesten

Männer und Frauen verspotten, ohne dafür belangt zu werden. Daher macht man sich immer mehr über die Leute lustig, um ihnen zu schaden. In diesem Bereich ist alles erlaubt, man kann sie sogar durch seinen Sarkasmus tödlich verletzen und kein Gericht wird sie verurteilen. Und die Menge lacht und applaudiert noch dazu. Darum heißt es also: Nur zitternd lacht der Weise.

Und dabei ist wahre Weisheit weder traurig, noch mürrisch, wie viele es sich vorstellen, weil es in der wahren Weisheit auch die Liebe gibt: das Herz und der Intellekt arbeiten zusammen. Die Lampe des Weisen strahlt nicht nur das kalte Licht des Intellekts aus, der urteilt und die geringsten Unvollkommenheiten hervorhebt und betont; sie strahlt, aber zugleich verbreitet sie Wärme und Liebe, und darum ist sie fröhlich. Ja, die Lampe des Weisen ist voller Fröhlichkeit. So wie die Sonne. Objektiv gesehen hat die Sonne, die am Himmel strahlt, nur das Aussehen einer Feuerkugel, doch warum malen die Kinder sie dann mit einem breiten Lächeln? Instinktiv haben die Kinder etwas sehr Wichtiges begriffen: Sie spüren, dass im Licht der Sonne Fröhlichkeit liegt. So wie auch in der tanzenden Flamme einer Lampe Fröhlichkeit liegt.

Aber wie viele Leiden und Qualen muss ein Mensch durchleben, wie viele innere Kämpfe muss er führen, um diese Freude des Lichtes zu kosten, dieses Gefühl, das er spürt, wenn alle Konflikte, die ihn zerreißen, auf harmonische Weise ausgeglichen worden sind![2] Und sein Lachen ist dann ein siegreiches Lachen: es ist ihm gelungen, sich über die entfesselten Elemente zu erheben und sie zu beruhigen. Das kennzeichnet das Lachen eines Weisen, und darum kann er durch sein Lachen die leidenden Menschen trösten und ihnen Mut machen. Mir kommt gelegentlich das Lachen des Meisters Peter Danov in den Sinn: Er lachte wie ein Kind, und manchmal traten ihm sogar Tränen in die Augen. Wenn er auf diese Weise lachte, hatte man ein Gefühl der Nähe, Freundschaft und Brüderlichkeit!

Das Lachen des Weisen ist der Ausdruck eines Menschen, der sich befreit hat. Warum schaffen sich die Menschen fortwährend unnütze Begrenzungen und Belastungen? Nur weil sie in die Materie eintauchen, verlieren sie ihre Fröhlichkeit. All die Lasten, die sie angehäuft haben, liegen schwer auf ihrem Herzen. Sie sollten sich davon befreien und die Fröhlichkeit wird zurückkehren.

Viele Reisende, die sehr arme Länder besuchen, sind oft erstaunt, einer lächelnden Bevölkerung zu begegnen, während die Leute in den wohlhabenden Ländern eine düstere Miene haben. Oh ja, ganz im Gegenteil zu dem, was man glauben könnte, macht der materielle Überfluss die Leute nicht fröhlicher. Diese ganze künstliche Welt, die sie sich geschaffen haben, sie hält sie jetzt gefangen. Die Dinge haben sich so sehr in diese Richtung entwickelt, Ökonomie, Finanzen und Geschäfte nehmen so viel Raum ein, dass nicht zu erkennen ist, wie man aus diesem Räderwerk herauskommen kann, und während die Geschäfte angeblich gedeihen, gehen die Menschen zugrunde.

Wenn Verantwortliche jeglicher Art in der Öffentlichkeit auftreten müssen, bemühen sie sich natürlich, ein offenes Gesicht zu zeigen und sogar zu lächeln. Sie wissen, dass man die Menschen glauben lassen muss, es laufe alles gut: Das Leben ist schön! Aber oft liegt in dieser Haltung etwas Künstliches, was die etwas scharfsinnigeren Menschen keineswegs beruhigt; ganz im Gegenteil, sie spüren, dass man sie belügt, sie haben sogar den Eindruck, dass man sich über sie lustig macht. Durch den Gesichtsausdruck, den Blick, das Lächeln übermittelt jeder von uns das Leben. Aber dieses Leben muss authentisch sein, es muss von innen heraus kommen, man kann nicht so tun als ob. Nichts kann die spirituelle Arbeit ersetzen, die Arbeit an sich selbst, um dieses Leben hervorzubringen, das die Menschen beruhigt und ermutigt. Bei dem Weisen geschieht alles auf natürliche Weise. Wie sonst sollte das innere Licht die beste Art und Weise finden, sich auszudrücken?

Und jetzt zu euch, was solltet ihr tun, wenn jemand euch von seinen Enttäuschungen, seinen Sorgen erzählt? Während ihr darauf wartet, dass auch ihr ihn durch ein Lachen beruhigen könnt, so wie der Weise, solltet ihr wenigstens eines wissen: Die Person, die euch ihr Leid anvertraut, tut es weniger, um eine Lösung zu finden, als vielmehr um euch dazu zu bringen, ihren Zustand zu teilen. Und dann? Wenn ihr euch von ihren Sorgen überwältigen lasst, helft ihr ihr nicht, denn ihr seid gelähmt und riskiert, mit ihr darin zu versinken. Wenn ihr jemandem helfen wollt, dann lasst nicht zu, dass sein Kummer in euch eindringt. Bleibt klar, ruhig und fest, das ist die einzige Art, wie ihr ihn da herausziehen könnt. Ihr erwidert, dass er unzufrieden sein wird, dass ihr nicht an seinen Sorgen teilnehmt. Das ist möglich, aber das darf euch nicht beunruhigen.

Seid euch der Tatsache bewusst, dass ihr nur die niedere Natur der Menschen zufriedenstellen könnt, wenn ihr sie in ihren negativen Zuständen begleitet. Und die Zufriedenheit der niederen Natur ist nie von langer Dauer, denn sie ist unersättlich: wahrhaft ein Fass ohne Boden. Durch eure Sympathie und euer Mitgefühl glaubt ihr, einer Person Beruhigung bringen zu können, aber wenig später kehren Unwohlsein und Klagen zurück, und das kann das ganze Leben so weitergehen. Diese Person wird zufrieden sein, dass ihr immer bereit seid, ihr Leid mit ihr zu teilen, aber es wird ihr deswegen nicht besser gehen. Und ihr, in welchem Zustand werdet ihr sein?

Ein Kind fällt hin und verletzt sich. Wenn ihr zu ihm sagt: »Oh mein armer Kleiner, du hast dir wehgetan...«, und ihr setzt eine bestürzte Miene auf, dann wird das sein Schreien nur verdoppeln. Sagt ihr aber zu ihm: »Steh auf, das ist nicht schlimm, spiel weiter«, wird es sich sehr schnell beruhigen. Die Menschen sind wie die Kinder, man darf ihre Schwächen und ihre negativen Zustände nicht fördern.

Wenn einer eurer Freunde einen kariösen Zahn hat, werdet ihr nicht so dumm sein, mit ihm darüber zu jammern. Ihr werdet ihm raten, sich den Zahn behandeln zu lassen, damit er am Ende nicht sein ganzes Gebiss verliert. Nun, auch psychisch gibt es da einige Zähne zu behandeln oder sogar zu ziehen! So ist die wahre Liebe zu verstehen. Diese Liebe ist der Mehrheit der Menschen unbekannt: Üblicherweise beklagt man denjenigen, der leidet, und jammert mit ihm. Oh nein, ihr müsst ihm helfen, die Situation wieder in Ordnung zu bringen, dadurch dass ihr euch seiner Mutlosigkeit widersetzt. Und wenn er verärgert ist, umso schlimmer, bleibt fest, indem ihr die Macht des Lichtes anruft. Das ist das einzige Mittel, etwas für ihn zu tun.

Ihr fragt: »Aber wenn es mir trotz dieses Verhaltens nicht gelingt, ihm zu helfen?« Nun, dann könnt ihr nichts für ihn tun. Das kommt vor. Es gibt Menschen, denen man nicht helfen kann, weil sie einen Zustand in sich aufrechterhalten, der verhindert, dass man ihnen hilft. Aber wisst, dass trotz allem eure Mühe nicht vergebens war. Zunächst habt ihr euch gestärkt, anstatt euch verschlingen zu lassen, und diese Kraft, die ihr erlangt habt, könnt ihr nutzen, um anderen Personen zu helfen. Macht euch keine Sorgen, ihr werdet immer jemanden finden, der in der Lage ist, das, was ihr für ihn tut, anzunehmen und zu schätzen.

Die Wahrheit sieht so aus, dass es euch nicht gelingen wird, den anderen in ihren Schwierigkeiten und Sorgen zu helfen, solange ihr nicht selbst bereits gelernt habt, eure eigenen zu überwinden. Wie viele Leute sprechen zu anderen über Geduld oder über Mut, und sie selbst beklagen sich ständig und jammern über alles und nichts! Selbst wenn ihr ernstlich Grund habt, besorgt, beunruhigt, erschüttert zu sein, bemüht euch als Erstes, eure Fassung wiederzugewinnen. Denn oft nehmen Sorgen und Enttäuschungen einfach nur deshalb überdimensionale Proportionen an, weil man gewisse Ereignisse nicht sofort als das erkennen konnte, was sie eigentlich sind: Zwischenfälle ohne große Bedeutung.[3]

Indem ihr sofort loslauft und anderen erzählt, warum ihr unglücklich und ärgerlich seid, belästigt ihr sie, ohne dabei eure Probleme zu lösen. Wenn ihr euch hingegen sagt: »Ich werde ein wenig spazieren gehen, um auf andere Gedanken zu kommen oder aber Musik hören oder meditieren oder beten«, dann vollzieht sich eine innere Arbeit, die euch in der Folge von euren Sorgen befreien wird. Indem ihr daran denkt, die anderen zu schützen, schützt ihr auch euch selbst. Und glaubt ihr nicht auch, dass es an der Zeit ist, ein wenig über eure kleinen Missgeschicke lachen zu lernen? Während ihr darauf wartet, euren Freunden durch euer Lachen helfen zu können, denkt darüber nach, ob es nicht manchmal auch eine Lösung für eure Probleme wäre.

Mit einem sorgenvollen und kummervollen Gesicht herumzulaufen, beweist einen Mangel an Liebe; es ist eine Last, die man den anderen aufbürdet. Ihr findet, die Welt sei schon traurig genug? Warum ihr dann noch eure eigene Traurigkeit hinzufügen? Bittet nur um Hilfe, wenn es euch wirklich nicht gelungen ist, eure Schwierigkeiten zu überwinden, nachdem ihr euch in jeder Hinsicht bemüht habt. Bevor ihr zwanzig Personen am Telefon vergiftet, indem ihr ihnen von eurem Unglück berichtet, beginnt selbst mit allen Mitteln zu kämpfen, die euch eine spirituelle Lehre an die Hand gibt.

Sicher, das Dasein bringt uns jeden Tag mit traurigen und unangenehmen Themen in Verbindung, und es ist unmöglich, das nicht zu spüren, aber warum das zeigen? Ihr werft ein: »Aber wie schafft man es, nicht zu zeigen, was man fühlt?« Wenn ihr jemandem begegnet, könnt ihr euch dann nicht bemühen, ein Unterhaltungsthema oder auch eine amüsante Anekdote zu finden, die ihm gut tut? Lacht zusammen! Indem ihr ihm Gutes tut, tut ihr auch euch selber Gutes, denn das, was er spüren wird, wird zu euch zurückkehren. Aber ja, auch dort wirkt das Gesetz des Echos, dessen Entsprechungen zum spirituellen Leben ich euch schon oft erklärt habe.[4]

Anmerkungen

1. Siehe Band 27 der Reihe Gesamtwerke »Die Pädagogik in der Einweihungslehre«, Kapitel 3: »Erziehung und Bildung – die Macht des Vorbildes«.
2. Siehe Band 242 der Reihe Izvor »Unerschöpfliche Quellen der Freude«, Kapitel 17: »Der lange Weg zur Freude«.
3. Siehe Band 213 der Reihe Izvor »Die menschliche und die göttliche Natur in uns«, Kapitel 10: »Die höhere Natur in sich selbst und anderen fördern«.
4. Siehe Band 226 der Reihe Izvor »Das Buch der göttlichen Magie«, Kapitel 11: »Die drei magischen Hauptgesetze«, Teil 3 »Das Gesetz des Rückstoßes«.

Kapitel 8

Die Sprache des Eisens und die Sprache des Goldes

Viele Leute haben sich nichts Besonderes zu erzählen, wenn sie sich treffen, aber es genügt, dass der Name von dieser oder jener Person fällt, dass sie darin sofort ein unerschöpfliches Thema für Kommentare finden, und diese Kommentare sind selten von Nachsicht oder Verständnis inspiriert. Nach kurzer Zeit gehen sie wieder auseinander, aber nur, um ein Stück weiter des Weges, wieder von vorne zu beginnen. »Der Soundso, wisst ihr nicht, was er angestellt hat?« Und dann wieder die gleiche Geschichte, mit einigen zusätzlichen Details versehen, denn die Menschen haben eine natürliche Neigung zum Ausschmücken und Übertreiben, und so ist die Welt voll von solchen Leuten, die gerne aufbauschen, besonders wenn es sich um anstößige Geschichten handelt. Diese Geschichten bereiten sie zu, indem sie ihnen ein wenig von einer ganz speziellen Soße hinzufügen, welche das Gericht immer unverdaulicher werden lässt. Aber je unverdaulicher das Gericht wird, umso mehr Liebhaber finden sich, um sich daran zu laben. Und so vergiftet man die Atmosphäre.

Es gäbe vieles über die Wirkungsweise des Wortes zu sagen: Wie es Formen schafft, wie es nicht nur auf die psychischen und physischen Organe derer wirkt, von denen die Rede ist, sondern auch auf die Organe derer, die sie aussprechen und derer, die sie hören.[1] Die Fähigkeit, in seinen Worten korrekt, maßvoll und präzise zu sein, ist eine der größten Qualitäten, die es gibt.

So, wie man mit einer Feder schreibt, so schreibt man auch mit der Zunge. Jedes Wort ist bereits ein Brief, den man nicht allein an die Menschen sendet, sondern an alle Wesen, welche die Natur bevölkern. Welche Geschöpfe es auch sein mögen, man sollte sich bemühen, mit goldener Zunge zu ihnen zu sprechen. Ja, denn die menschliche Zunge kann aus unterschiedlicher Materie bestehen, aus Blei, Kupfer, Eisen, Zinn, Silber, Gold... Ihr habt bestimmt von dem Heiligen Johannes gehört, »Chrysostomos« genannt, was »Goldmund« bedeutet (wir sagen auf Bulgarisch »sveti Ivan Zlatust«). Und warum? Weil aus seinem Munde Worte hervorgingen, welche die Seelen erhellten und besänftigten.

Die Sprache, die Wahl der Worte, der Verlauf einer Erklärung, all das ist eine Kunst. Ich erinnere mich der Art und Weise, in welcher Meister Peter Danov sprach. Wenn man ihm eine Frage stellte, wartete er einen Moment, machte eine einfache Geste mit der Hand, um zu zeigen, dass er verstanden hatte, murmelte einige kaum hörbare

Worte, als wenn er zu sich selbst spräche, und dann antwortete er. Also sagte ich mir: »Wenn er, der uns hätte antworten können, noch bevor wir ihn fragten, auf diese Art einige Sekunden wartet, um die Argumente auszuwählen und seine Worte abzuwägen, um wie vieles mehr müssen wir da umsichtig sein.«

Jemand stört euch, missfällt euch oder scheint euch kritikwürdig, gibt euch das das Recht, ihn in Stücke zu schneiden? Habt ihr daran gedacht, dass er vielleicht dem Schöpfer gefällt und auch den Engeln, die ihn begleiten und schützen? Habt ihr sie um ihre Meinung gefragt?... Die Menschen sind unvollkommen, das ist nun mal so, diese Unvollkommenheit ist Teil ihrer Natur. Aber ihr solltet wissen, das sie sich ebenso, wie ihr, auf dem Weg der Evolution befinden, und selbst wenn ihr noch nicht erkennen könnt, was aus ihnen in der Zukunft wird, ist das noch lange kein Grund, ständig ihre Fehler und ihre Schwächen hervorzuheben und nur diese zu sehen.

Wir hören, wie die Leute über alles und jeden ihre Meinung äußern. Ihre Ansicht ist falsch, ihr Geschmack verdorben, aber wen kümmert das? Nichts hält sie zurück. Wenn sie sich nur endlich fragen würden, ob es nicht eine objektivere, eher angemessene Sichtweise gibt. Sie werden zwar immer weiter kritisieren, wenn ihnen so sehr daran liegt, aber wenigstens werden sie von Zeit zu Zeit von einem segensreichen Zweifel überkommen und sie sagen sich: »So sehe ich nun einmal die Menschen und die Dinge, aber vielleicht gibt es ja noch eine bessere Sichtweise.« Sobald ihr euch über jemanden äußern sollt, müsst ihr es mit äußerstem Feingefühl tun, um ihn nicht zu verletzen oder seiner Seele zu schaden. Und wenn ihr ihn aus Versehen verletzt, bemüht euch, das wiedergutzumachen, sonst werdet ihr ihm gegenüber in der Schuld stehen. In der feinstofflichen Welt wird alles aufgezeichnet.[2] Wie umsichtig muss man sein, wenn man sich über eine menschliche Seele äußern oder sich an sie wenden soll! Eine Seele ist eine großartige und tiefgründige Wesenheit, die von Gott mit unermesslicher Weisheit erschaffen wurde, und wenn wir sie respektlos behandeln, betrachtet der Himmel uns als Übeltäter. Dieses notwendige Feingefühl, wenn man sich einer Seele nähert, habe ich auch bei Meister Peter Danov beobachtet. Mit welchem Recht fasst ihr sie also so hart an?

Aber wenn man die Menschen bittet, Feingefühl gegenüber den anderen zu zeigen, sind sie überzeugt, dass man sie daran hindert, sich zu beweisen. Denn für sie besteht sich durchsetzen, Charakter beweisen, nicht allein darin, den Finger auf die Schwächen und Fehler von anderen zu legen, sondern noch dazu alle Welt daran teilhaben zu lassen. Mit dieser Handlungsweise offenbaren sie nur ihr inneres Elend. Warum sind sie sich nicht im Klaren über die negativen Auswirkungen dieser Einstellung auf alles Übrige in ihrem Verhalten, bis hin zu ihrem Verständnis des Daseins? Sie schneiden sich von den harmonischen Strömen des Lebens ab, und nach und nach verschließt sich die Natur ihnen gegenüber. Sie wissen nicht einmal mehr, wie man eine Blume nimmt und sie betrachtet. Ja, auch das habe ich beobachtet: Schon allein die Art, wie jemand eine Blume nimmt, offenbart mir, wo er innerlich steht.

So nützlich es ist, die Menschen zu durchschauen, so unnütz und sogar schädlich ist es, sich bei ihren Fehlern aufzuhalten. Hat man einmal gesehen und verstanden, sollte man nicht dabei stehen bleiben, sondern schnell zu etwas Aufbauenderem übergehen. Der Weise vergeudet nicht seine Zeit und seine Energien damit, Unrat zu durchwühlen... Es ist keineswegs so, dass ich vollständig gegen Kritik wäre, ganz und gar nicht. Nur muss man, um kritisieren zu können, bestimmte Regeln kennen und sie anwenden.

Gemäß den Gesetzen der kosmischen Moral haben wir nur das Recht, bei den anderen die Schwächen zu kritisieren, die wir selbst schon besiegt haben. Und während die Menschen deren klaren Verstand und Scharfsinn beklatschen, werden sie von der göttlichen Gerechtigkeit oft schon verurteilt. In diesem Punkt sind die kosmischen Moralgesetze sehr streng. Jedes Mal, wenn ihr ein negatives Urteil über jemanden fällt, wird über euch selbst geurteilt. Und durch wen?

Durch euer Bewusstsein, euer inneres Gericht. Alle diejenigen, die sich noch einbilden, die göttliche Gerechtigkeit sei eine Instanz außerhalb von ihnen – Gott oder seine Engel, die sie entweder belohnen oder bestrafen, – sie täuschen sich. Das wahre Gericht ist in uns und es ist Tag und Nacht tätig. Bei jedem Fehler verlieren wir etwas Wertvolles, und jede gute und gerechte Tat bringt uns Frieden, Licht und Freude.

In dem Moment, wo ihr einen Fehler bei den anderen hervorhebt, erhebt sich eine Stimme in euch und fragt: »Und du, der sich so äußert, bist du sicher, dass du nicht auf die eine oder andere Weise auch diesen Fehler hast?... Daher fügst du dieser Schwäche, derer du bereits schuldig bist, noch den Mangel an Nachsicht, den Mangel an Liebe hinzu. In deinem Herzen, in deiner Seele bist du dabei, etwas zu verlieren.« Und wisst ihr, welches Urteil, welche Strafe demjenigen auferlegt wird, der die anderen verurteilt, wo er das Recht dazu gar nicht hat? Lichtteilchen verlassen ihn. Manche werden sagen: »Aber diese Stimme, wir haben sie nie gehört!« Natürlich, denn sie haben alles getan, um taub zu werden. Ihr kennt das Sprichwort: »Jedes Reden ist sinnlos, wenn jemand nicht hören will.« Durch die Weigerung, die innere Stimme zu hören, wird man wirklich taub.

Derjenige, der sich zu Kritik hinreißen lässt, wird sich nach einigen Jahren ärmer, geschwächt und ausgeplündert vorfinden. Und er verliert auch das Vertrauen, das man ihm entgegenbrachte; denn selbst wenn die Personen, denen er seine Kritik vortrug, ihm zuhörten, sagen sie sich: »Wenn er so über den oder jenen spricht, dann ist er im Stande, auch mich in Verruf zu bringen und mir zu schaden.« Üble Nachrede verändert den Blick, den Ausdruck, die Stimme, die Hautfarbe; selbst die abgestumpftesten Leute spüren etwas Unangenehmes und entfernen sich. Wer an der Kritik Gefallen findet, strömt ein Gift aus, das langsam in die anderen eindringt, und diese tun ihr Möglichstes, um dem zu entkommen. Er verliert daher seine Freunde, und nichts ist schlimmer als Vertrauen, Freundschaft und Liebe zu verlieren. Analysiert euch: das, wonach ihr im tiefsten Innern verlangt, ist das nicht die Liebe?

Im Augenblick gefällt euch eine bestimmte Person nicht, wenn ihr jedoch besser wisst, wie ihr sie einschätzen sollt, wird euch vielleicht doch etwas an ihr gefallen. Das Dasein ist sehr reich an neuen Gelegenheiten! Unter bestimmten Umständen können diejenigen, die euch missfielen, zu euren Freunden werden. Also, verpasst diese Möglichkeiten nicht.

Woher kommt die allgemeine Neigung bei den Menschen, Fehler und Irrtümer hervorzuheben? Es gibt sie, wir können sie nicht übersehen. Aber wir haben eher die Gelegenheit, eine Situation zu verbessern, wenn wir uns mehr auf das Gute als auf das Schlechte konzentrieren. Anstatt zu kritisieren, was bei den anderen fehlerhaft ist, haltet euch an die guten Dinge, um herauszufinden, wie sie noch verbessert werden können. Und selbst wenn sie nur eine einzige gute Eigenschaft hätten, klammert euch an diese. Lasst ihre Fehler beiseite, und helft ihnen, ihre guten Eigenschaften zu entwickeln.

Lernt, alles, was euch umgibt, mit Sympathie und Dankbarkeit zu betrachten, selbst die Gegenstände. Ja, selbst die Gegenstände, denn sie leisten euch so viele Dienste! Weil sie materiell sind, haltet ihr sie für unempfindlich, daher verletzt ihr sie, ihr stoßt sie herum, und auf diese Weise werdet ihr nachlässig, grob... und ihr geht danach auf gleiche Weise mit den Lebewesen um.[3] Oh ja, der Respekt, die Achtung beginnt mit der Aufmerksamkeit gegenüber den ganz kleinen Dingen.

Wir sollten uns immer mit der guten Seite eines Menschen befassen und sagen: »Gott wohnt in seiner Seele, ich werde mich nicht um die Tiere kümmern, die um sie herum schleichen.« Wer hat keine wilden Tiere in sich? Bei manchen sind diese wilden Tiere im Käfig oder betäubt, aber sie sind da. Man hört ihr Gebrüll deshalb nicht so sehr, weil sie auf Diät gesetzt wurden und an Kraft verloren haben; aber man ernähre sie nur ein wenig, und man wird all die Verwüstungen sehen, die sie anrichten können.

Warum also Männer und Frauen bedrängen, die ohnehin schon mit so vielen Schwierigkeiten zu kämpfen haben? Das Erstaunlichste dabei ist, dass wir glauben, Weisheit, aber auch Liebe zu beweisen, wenn wir sie kritisieren: Wir wollen sie angeblich dazu bringen, sich zu korrigieren! Aber das ist kein Zeichen von Weisheit und schon gar nicht von Liebe. Die Menschen zu lieben bedeutet, sie gerade in ihren Schwierigkeiten zu verstehen und mit Einfühlungsvermögen zu handeln, um ihre Leiden zu erleichtern. Kritik jedoch bewirkt das Gegenteil, sie kränkt, zerkratzt, verletzt: Sie ist keine goldene Sprache, sondern eine Sprache aus Eisen.

Behauptet also nicht, dass es aus Liebe geschehe, wenn ihr diesen oder jenen mit Worten heruntermacht. Nein, das ist keine Liebe, das ist Zerstörung. Die Liebe befleckt sich nicht mit Blut, sie ist groß und lichtvoll. Durch sie verbindet ihr euch mit Gott, und Gott empfiehlt euch schöne und nützliche Taten.[4]

Was ist ein guter Kritiker? Ein guter Gärtner, der die Bäume zu formen weiß, sie zurückschneidet, und sie von Raupen und schädlichen Insekten befreit. Er bewahrt was gut ist, und schon bald gibt es Blüten und köstliche Früchte. Oh ja, kritisieren ist eine Kunst, die darin besteht, zum richtigen Zeitpunkt umzupflanzen oder abzuschneiden; sonst bleibt nichts übrig, und wo ist dann die Weisheit?

Das Böse befindet sich in jedem menschlichen Wesen unter zahlreichen Formen, und bevor ihr versucht, es bei den anderen auszurotten, beginnt damit, zu schauen, wie ihr es in euch selbst neutralisieren könnt, denn ihr habt in jedem Fall mehr Möglichkeiten auf euch selbst einzuwirken, als auf die anderen. Und wenn es euch nicht gelingt, ihnen gegenüber die Augen zu verschließen, wendet wenigstens euren Blick ein wenig von ihren Fehlern und versucht, ihre Qualitäten zu erkennen und diese zu übernehmen.

Erzählt mir nicht, dass ihr bei all den Personen, die ihr euch erlaubt habt zu tadeln, nicht wenigstens eine gute Eigenschaft bemerkt habt: eine künstlerische Begabung, den Sinn für Ordnung und Sauberkeit, die Ernsthaftigkeit bei der Arbeit, die Treue, etc. Es fehlt nicht an Bereichen, in denen sich die Menschen auf nützliche oder angenehme Weise zum Ausdruck bringen können. Nun, konzentriert euch bei jedem wenigstens auf eine gute Eigenschaft und sucht sogar herauszufinden, wie ihr demjenigen helfen könnt, diese zu entwickeln. Das wäre sowohl für ihn als auch für euch vorteilhafter. Sonst werdet ihr seine und eure Situation verschlimmern.

Die Evolution eines jeden Menschen trägt zur Evolution aller bei. Je mehr ihr voranschreitet, umso mehr zieht ihr die anderen mit. Das Verhalten eines jeden wirkt auf die ganze Welt zurück. Die Wissenschaft hat den Kreislauf von Wellen im

Raum entdeckt; nun, die Gedanken, die Gefühle und die Handlungen rufen auch Wellen hervor, die sich verbreiten. Und wenn die Fehler gewisser Personen euch sehr stören, dann ist das ein Grund mehr, um euch zu verbessern und ihnen gute Gedanken zu senden.

Es existiert eine magnetische Verbindung zwischen den Fehlern sowie zwischen den Qualitäten; und das geht so weit, dass ihr, wenn ihr ständig auf den Fehlern der anderen herumreitet und darüber diskutiert, diesen immer ähnlicher werdet. Sehen wir nur die schlechte Seite bei den Menschen, ziehen wir sie nicht nur an, sondern verstärken sie noch in uns selbst. Wenn ihr also nicht wollt, dass bei euch dieser Charakterzug oder jenes Verhalten auftritt, das euch bei den anderen missfällt, dann haltet euch nicht damit auf; sonst wird der Tag kommen, an dem ihr handeln werdet wie sie und sogar noch schlimmer.

Kritisieren ist für mich eine Last. Ich belaste mich nicht gerne. Und darum wünsche ich nicht, mich in eure persönlichen Angelegenheiten einzumischen. Ich erzähle euch gerne von all den schönen und guten Dingen, die auf euch warten, wenn ihr auf dem Weg des Lichts voranschreitet.[5] Es belastet mich, euch darauf hinzuweisen, wie viele Male ihr diesen Weg verlassen habt, um auf anderen, scheinbar angenehmeren, Pfaden zu wandern, auf denen ihr euch aber verliert. Und sollte ich einmal dazu verpflichtet sein, treffe ich Vorkehrungen. Habt ihr bemerkt, auf welche Weise ich vorgehe, wenn ich verpflichtet bin, etwas Negatives zu sagen? Ich spreche zum Schluss immer über die positive Seite, um die negative zu neutralisieren. Handelt genauso: Man muss immer mit dem Guten enden, weil es das Gute ist, das schließlich siegen wird.

Ich habe mich so sehr bemüht, die gute Seite der Menschen zu entdecken, dass ich bei ihnen immer Tugenden feststelle, die niemand anders bemerkt. Und ich gewinne dadurch! Und wenn ich bei ihnen einen Fehler sehe, handle ich auf die Weise eines Malers: ich betrachte diesen Fehler als einen Fleck auf der Leinwand. Also nehme ich einen Pinsel und verwandle diesen Fleck, ich mache daraus ein Element, das sich in die Komposition des Bildes einfügt. Diejenigen, die es anschauen, rufen aus: »Mein Gott, ist das originell! Warum befindet sich dieses Detail gerade an dieser Stelle?« So ist das, alles wurde berechnet.

Wie kann man aus den menschlichen Absonderlichkeiten Nutzen ziehen?... Die Fehler von Menschen zu neutralisieren, indem man sie in ein allgemeineres Bild einfügt, das ist natürlich eine richtige Kunst. Nun, in eben dieser Kunst üben wir uns hier in dieser Schule der Universellen Weißen Bruderschaft. All die Unvollkommenheiten von den einen oder anderen muss man richtigstellen, denn eben dieses Richtigstellen von so vielen nicht zusammenpassenden Elementen trägt dazu bei, das neue Leben hervorzubringen.

Entschließt euch also heute, wieder die Schulbank zu drücken. Setzt euch, nehmt eure Hefte heraus und fangt an zu lernen. Ihr sagt: »Aber die anderen!« Ja, die anderen sind da, sie existieren, ihr seht sie, ihr hört sie, aber vergesst sie ein wenig. Jeder wird seine Prüfungen ablegen, und wenn ihr sie ablegt, wird man sehen, was ihr gelernt, und vor allem angewendet habt. Ich bin es nicht, der euch in die Prüfungen schickt, es ist das Leben. Und das Leben ist unerbittlich, ihr werdet es nicht milde stimmen können, indem ihr ihm Geschichten über diesen oder jenen erzählt, der euch auf die Nerven ging oder euch daran hinderte, all eure guten Pläne zu verwirklichen.

Der Weise beklagt sich nicht über Fehler und Schwächen, die er bei den anderen beobachtet. Er kritisiert sie nicht, er bekämpft sie nicht; er bemüht sich, während er sie erträgt, diese Fehler in sich selbst umzuwandeln, denn diese Umwandlung produziert eine Energie, die er danach in Form von Licht zurücksenden kann. Und auf diese Weise arbeitet er für das Kommen des Reiches Gottes.

Anmerkungen

1. Siehe Band 226 der Reihe Izvor »Das Buch der göttlichen Magie«, Kapitel 4: »Das magische Wort«.

2. Siehe Band 7 der Reihe Gesamtwerke »Die Reinheit – Grundlage geistiger Kraft – Die Mysterien von Jesod«, Teil I, Kapitel 8: »Die Reinheit der Worte«.

3. Siehe Band 226 der Reihe Izvor »Das Buch der göttlichen Magie«, Kapitel 17: »Exorzismus und Weihe von Gegenständen«.

4. Siehe Band 215 der Reihe Izvor »Die wahre Lehre Christi«, Kapitel 7: »Vater, vergib ihnen, denn sie wissen nicht, was sie tun«.

5. Siehe Band 242 der Reihe Izvor »Unerschöpfliche Quellen der Freude«, Kapitel 2: »Sich auf den Weg machen«.

Kapitel 9

Der Sieg über das Leiden: Das Lächeln Gottes

Das Lächeln ist etwas, das schwieriger zu beschreiben ist, als das Lachen, weil es viel diskreter ist. Ein Lachen ist klangvoll, und manchmal sogar lärmend, der Mund öffnet sich, es bilden sich Fältchen um die Augen oder sie schließen sich sogar. Ein Lächeln hingegen ist still: eine kaum wahrnehmbare Bewegung der Lippen mit nur leichter Faltenbildung um die Augen.

Das Lächeln ist eine der ersten Sprachen eines Kindes, das von seinen Eltern und von seiner Umgebung mit Liebe betrachtet wird. Dieses Lächeln des Kindes ist voller Unschuld und Reinheit. Beim Erwachsenen kann es ironisch werden, spöttisch und sogar scheinheilig. Wie oft dient das Lächeln dazu, Wut, Unzufriedenheit, Groll oder das Verlangen nach Rache zu verbergen! Auf diese Weise wird jeden Tag so viel künstliches Lächeln nach links und rechts verteilt. Das ist nur Fassade und das spürt man.

Jedes Gefühl kann sich durch ein Lächeln äußern. Entweder Mutlosigkeit und Verzicht oder im Gegensatz dazu Hoffnung und der Entschluss, sich an die Arbeit zu machen, Selbstlosigkeit oder der Wunsch nach einer Gegenleistung werden manchmal von Lächeln begleitet. Aber beobachtet, wie verschieden jedes Lächeln ist! Das spöttische Lächeln hat etwas Falsches an sich. Das Lächeln der Weisheit ist sehr subtil, kaum wahrnehmbar, aber voller Bedeutung. Und über das Lächeln der Dummheit werde ich euch nichts sagen.

So kann man auch verdorbene Geschöpfe an ihrem Lächeln erkennen. Selbst wenn sie schön aussehen, eine schöne Stirn, feine und regelmäßige Gesichtszüge haben, so verrät doch ihr Lächeln – ein etwas schiefes, das in den Mundwinkeln hervortritt – ihre Verkommenheit. Es ist vorgekommen, doch nicht oft, dass ich solchen Menschen begegnet bin, und eben dieses Lächeln hat mir ihre wahre Natur offenbart. Und darum weiß ich, dass ich mir nur ein genaues Bild von jemandem machen kann, wenn ich sein Lächeln gesehen habe.

Es gibt bestimmte Arten von Lächeln, die mich in ihren Bann ziehen. Wie zum Beispiel das Lächeln einer über ihr Kind gebeugten Mutter, während sie es wiegt oder stillt: Das ist das Lächeln der vollkommen selbstlosen Liebe; ihre ganze Seele ergießt sich in dieses Lächeln, welches auch eine Nahrung für ihr Kind ist. Und wie oft wurde ich auch von dem Lächeln verblüfft, welches das wenig anziehende oder sogar hässliche Gesicht von manchen Menschen verwandeln kann! Weil ein gutes Lächeln auch mit einem guten Blick einhergeht, und dieser von Liebe und Güte erfüllte Blick ein solches Licht auf ihr Gesicht zaubert, dass ihre physischen Züge sich scheinbar auflösen: Man sieht nur noch dieses Licht.

Welch eine Freude, welch einen Trost kann uns das Lächeln mancher Menschen bringen! Es ist wie ein unerwartetes Geschenk. Und das Lächeln der Sonne, wenn sie aus den Wolken auftaucht, um uns in ihr Licht zu hüllen!... Aber das schönste, das ersehnteste, dasjenige, nach dem unsere ganze Seele verlangt, das ist das Lächeln, das Gott uns gewährt – nach Leiden, die wir nicht glaubten überleben zu können. Sobald dieses Lächeln erscheint, verschwinden Dunkelheit, Angst, Furcht, bedrohliche Bilder, alles wird hell und harmonisch. Dieses Lächeln wiegt mehr als alle Reichtümer und alle anderen Freuden der Welt. Keine Gewalt kann es erobern, nur allein die Liebe, die Hoffnung und der Glaube. Man muss oft sehr lange warten, um ein solches Lächeln zu verdienen, und es ist die größte aller Belohnungen.[1]

Wir können eine Prüfung akzeptieren, wir können sie verstehen, aber zugleich Bitterkeit, Traurigkeit und Bedauern empfinden: Es wäre doch so viel besser gewesen, wenn wir sie nicht hätten ertragen müssen! In diesem Sinne kann man sagen, dass sie noch nicht beendet ist. Und wann wird sie beendet sein? Sobald wir fähig sind, uns an ihr zu erfreuen. Es kann sein, dass dem Anschein nach eine Prüfung uns nichts gebracht hat, sondern dass wir durch sie noch dazu vieles verloren haben, sogar Menschen, die uns teuer sind. Dennoch spüren wir, dass unser Licht, unsere Liebe, unsere Kraft zugenommen haben, und Frieden und Freude uns überfluten. Es ist diese Empfindung, die uns sagt, dass das Lächeln Gottes endlich auf uns herabgekommen ist.

Das Lächeln ihres Himmlischen Vaters zu empfangen, das ist der Wunsch, den ein geistiger Meister für seine Schüler hegt. Und wenn er selbst ihnen zulächelt, sucht er ihnen etwas von diesem göttlichen Lächeln zu vermitteln. Erst jetzt begreife ich das Lächeln, das Meister Peter Danov mitunter zeigte, wenn er uns ansah. Wie soll ich euch dieses feine Lächeln beschreiben, das niemals herablassend war? Es brachte eine sehr große Nachsicht zum Ausdruck mit einer Nuance Humor, die zu sagen schien: »Meine armen Freunde, wie konntet ihr bloß in so einen Schlamassel hineingeraten? Aber haltet durch, nichts ist verloren, ihr werdet euch da wieder herausziehen.« Und es lag in diesem Lächeln so viel Liebe und Ermutigung!

Das Lächeln ist bereits ein Gruß, ein Zeichen der Anerkennung, die wir an die Personen richten, denen wir begegnen, noch bevor wir es durch das Wort tun. Daher müssen wir darauf achten, was wir mit unserem Lächeln ausdrücken. Sicher, es geht nicht darum, sich ein künstliches Lächeln zuzulegen, indem man es vor einem Spiegel einübt. Dieses Lächeln, das Güte, Sanftmut oder Verständnis ausdrücken sollte, muss auf natürliche Weise von unserem Herzen, von unserer Seele kommen.

Wir müssen daher in die Tiefen unseres Wesens hinabsteigen, um dort nach der Stille und dem Licht zu suchen, und dann werden die Bildhauer in unserem Inneren wissen, welche Nerven, welche Muskeln sie anspannen oder entspannen müssen. Wir können ihnen vertrauen, sie wissen an den Lippen, den Augen, der Stirn zu arbeiten, und nach und nach werden die Formen und der Ausdruck unseres Gesichts harmonischer. Selbst euer Lächeln verändern zu wollen, birgt die Gefahr, euch mehr als durch irgendetwas anderes zu entstellen. Arbeitet mit der Liebe, der Hoffnung und dem Glauben, und überlasst euch der Inspiration eurer inneren Bildhauer.[2]

Anmerkungen

1. Siehe Band 242 der Reihe Izvor »Unerschöpfliche Quellen der Freude«, Kapitel 3: »Das Leiden als Antrieb« und Kapitel 4: »Gottes Antworten in sich selbst suchen«.

2. Siehe Band 238 der Reihe Izvor »Der Glaube versetzt Berge«, Kapitel 1: »Glaube, Hoffnung und Liebe«.

Kapitel 10

Jedes Opfer prägt uns den Stempel der Sonne auf

Um fröhlich zu sein, muss man frei sein, und um frei zu sein, muss man damit aufhören, Lasten auf seine Schultern anzuhäufen. Mit Fröhlichkeit paart sich die Vorstellung von Leichtigkeit. Und was macht uns leicht? Die Liebe. Die Liebe erwärmt unser Herz und macht es weit, und dann werden wir leicht, das heißt fröhlich, so wie ein Ballon, der sich in die Atmosphäre erhebt.

Fröhlichkeit ist eine der poetischsten Ausdrucksformen der Liebe. Wenn ihr jemanden liebt, genügt es, dass ihr seinen Namen hört oder dass ihr ihn von Weitem seht, damit euch das fröhlich stimmt, und eure Seele zu singen anfängt. Ihr wendet ein, dass das unglücklicherweise nicht immer der Fall ist, und dass der Anblick dieser Person aus der Ferne oder das Hören ihres Namens euch nur leiden lässt, wenn sie, die ihr liebt, euch nicht ebenfalls liebt. Das ist richtig, aber dann ist die Liebe, die ihr für sie empfindet, noch keine wahre Liebe. Wahre Liebe genügt sich selbst, sie erwartet nichts, und da sie nichts erwartet, erhält sie alles.[1]

Lieben ohne die Erwartung, geliebt zu werden, aber auch arbeiten ohne die Erwartung, anerkannt und belohnt zu werden, das ist dem Weisen gelungen, und darum fühlt er sich frei und leicht. Er hat verstanden, dass es keine schlimmere Fessel gibt als die Erwartung, geliebt oder für seine Arbeit geschätzt zu werden. Man erwartet und erwartet... und diese Erwartung ist lähmend, man verliert dabei seinen Elan. Doch der Mensch kann sich nur in der Aktivität entfalten, in der seines physischen Körpers, aber vor allem in der seines Herzens, seines Intellekts, seiner Seele und seines Geistes.

Wie konnte die Menschheit auf der Erde überleben und sich entwickeln? Dank der Landwirtschaft. Und worin besteht die Landwirtschaft? Darin, dass man Samen oder junge Pflänzchen in den Boden setzt. Mit der Zeit bringt ein Same Hunderte von anderen Samen hervor und ein Pflänzchen wird zu einem mit Früchten beladenen Baum. Auf diese Weise muss man, wenn man in der Fülle leben will, wenigstens damit anfangen, einen Samen zu säen, einen Baum zu pflanzen.

In der sichtbaren genauso wie in der unsichtbaren Welt, dürft ihr nicht inaktiv bleiben, sondern müsst auch säen und pflanzen, wenn ihr Liebe, Licht, Freude und alle Segnungen des Himmels empfangen wollt. Und dort sind die Samen und Pflänzchen natürlich anderer Natur;

es sind die Gedanken, die Gefühle, die Handlungen, die Worte, die Blicke, das Lächeln, die von all dem, was ihr an Bestem in eurem Herzen und in eurer Seele besitzt, inspiriert werden. Und als Gegenleistung empfangt ihr eine Fülle von Blumen und Früchten.

Begnügt euch nicht damit, dieses Bild als etwas Hübsches, Poetisches anzusehen, sondern macht es zur Grundlage eurer Existenz. Begreift, dass ihr zunächst selbst etwas hergeben müsst, um das zu erlangen, was ihr wünscht. Das ist ein Gesetz. In diesem Sinne kann man die spirituelle Welt mit einem riesigen Geschäft vergleichen, in dem ihr alles bekommen könnt, was ihr verlangt, unter der Bedingung, dass ihr geeignete Zahlungsmittel im Tausch dafür geben könnt. Und das sicherste Zahlungsmittel, das ihr den himmlischen Geistern anbieten könnt, das ist die unpersönliche Arbeit, das Opfer. Das Opfer gleicht dem Gold, das immer seinen Wert bewahrt, weil die Sonne es schützt; genauso wie eine Nationalbank das Geld eines Landes schützt.

Jedes Opfer, das ihr für die Verteidigung und die Manifestation alles Guten und Schönen erbringt, damit alle Wesen auf der Erde davon profitieren können, erfüllt euer Herz und eure Seele mit diesem Gold, das in den großen kosmischen Geschäften im Umlauf ist. Es ist so, als würde die Sonne euch ihr Siegel aufprägen. Und von dem Tag an, an dem ihr die Prägung dieses

Siegels tragt, werdet ihr von den Wesenheiten des Lichtes erkannt. Sie sagen: »Dieses Wesen gehört zu uns, es trägt das Siegel der Sonne, es ist unser Bruder.«[2]

Wie viele werden protestieren und sagen, dass sie bereits genügend Opfer bringen. Aber was nennen sie Opfer? Sie gehen zwar anderen hilfreich zur Hand, verfolgen dabei jedoch schon ihre ureigensten Interessen. Und darum offenbart sich ihre Hilfe immer als unzureichend oder unangemessen. Man kann keinen Erfolg haben, wenn man eine Sache und gleichzeitig ihr Gegenteil will. Es gilt immer zu wählen, zwischen Großzügigkeit und Egoismus, zwischen höherem Streben und niederen Instinkten. Analysiert eure Verhaltensweisen, selbst die scheinbar großzügigsten: Vielleicht werdet ihr entdecken, dass ihr seit eurer Geburt nicht mehr als zwei- oder dreimal wirklich selbstlos gehandelt habt.

Die Universalseele unterstützt das Leben bei allen Geschöpfen, sie nährt sie, tränkt sie, sie empfangen ohne Unterlass etwas von dieser Fülle. Warum lassen wir uns daher nicht von dieser Großzügigkeit inspirieren, indem wir uns bemühen, mit den anderen alles, was wir besitzen, zu teilen? Jesus sagte: »Ihr habt umsonst empfangen, also gebt auch umsonst.« Ja, sei es nun Schönheit, Intelligenz, Reichtum, eine künstlerische Begabung oder Wissen, wir müssen unser Tun darauf einstellen, mit den anderen zu teilen. Aus Sicht des Himmels, der uns all das gegeben hat, ist selbst die Gesundheit ein Gut, das uns nicht das Recht gibt, als Einziger davon zu profitieren. Von allem dürfen wir nur einen Teil nehmen: ein Viertel; ja, dieses Viertel, das der Erde zusteht, wie ich es euch vor einiger Zeit erklärt habe.[3] Das Übrige soll den anderen zugutekommen. Alles andere Verhalten ist gegen das göttliche Gesetz und macht die Austausche zwischen Erde und Himmel unmöglich.

Die Unkenntnis dieses Gesetzes ist es, die für viele Leute der Ursprung von Langeweile ist. Aber ja; das erstaunt euch? Wie viele reiche und übersättigte Leute langweilen sich, weil sie nicht zu nutzen wissen, was sie besitzen! Trotz ihrer Häuser, ihrer Parks, ihrer Reisen, ihrer Empfänge und ihrer Feste langweilen sie sich. Und die Langeweile ist manchmal der erste Schritt auf dem Weg zur Kriminalität.

Selbst auf eine intelligente und sympathische Person kann man sich nicht verlassen, wenn sie ihr eigenes Interesse meist vor das der anderen stellt. Irgendwann kommt es zwangsläufig zu einem Ereignis, das nicht in ihre Berechnungen passt, und schon wird sie sich in einer Weise verhalten, die weder intelligent noch sympathisch ist. Außerdem ist ein Mensch, der unfähig ist, einen Verzicht hinzunehmen, niemals wirklich zufrieden. Sicher, er spürt in dem Moment eine gewisse Befriedigung, in dem er den Erfolg, die Muße oder den erwünschten Komfort erlangt; aber sobald er auf Schwierigkeiten stößt, wird er unerträglich, da er der inneren Möglichkeiten entbehrt, sie zu überwinden.

Ihr müsst in eurem Denken immer einen Platz für die anderen haben, wohl wissend, dass jedes Mal, wenn ihr euch nicht bemüht, so gut ihr könnt zu handeln, es irgendwo in der Welt etwas gibt, auf das ein Schatten fällt oder das Schaden erleidet durch euren Fehler. Und »Gutes tun« bedeutet nicht unbedingt eine materielle Hilfe bringen, nein, sondern an die Folgen zu denken, die eure Gedanken, eure Gefühle, eure Taten und eure Absichten für die anderen haben können. Was bringt es, jemandem eine Summe Geldes zu geben, wenn ihr ihn zugleich durch eure Vorschläge und euer Verhalten dazu bringt, dieses Geld auf eine Weise auszugeben, die für ihn nachteilig sein wird? Es gibt so viele Lösungen, um den Menschen zu helfen! Es sind diese Lösungen, die ihr finden müsst, in dem Wissen, dass nichts von dem, was ihr an Gutem tut, vergeblich ist. Und habt ihr es einmal getan, denkt nicht mehr daran, und erwartet vor allem keine Gegenleistung. Seid wie die Sonne, die alle Geschöpfe erhellt, wärmt und belebt: Sie fragt sich nicht, ob sie dafür Dankbarkeit erntet. Die meisten sind sich nicht einmal dessen bewusst, was sie empfangen haben.

Ihr wendet ein: »Aber wenn man gearbeitet hat, wenn man auf die eine oder andere Weise jemandem Hilfe geleistet hat, ist es doch nur gerecht, wenn man etwas als Gegenleistung erhält!« Ja, das ist die Gerechtigkeit, aber die Liebe, die Liebe, die euch dazu drängt, zu geben, ohne etwas zu erwarten, steht über der Gerechtigkeit. Die Gerechtigkeit wohnt bereits im Menschen, aber die Liebe noch nicht. Selbst Verbrecher können in gewisser Weise einen Sinn für Gerechtigkeit haben, ja sogar die Tiere. Und wie viele Verbrechen wurden begangen, um angeblich die Gerechtigkeit wiederherzustellen.

Ihr habt jemandem geholfen, und im Namen der Gerechtigkeit glaubt ihr nun, dass er euch auf die eine oder andere Weise etwas schuldet. Aber wenn ihr euch darauf versteift, auf etwas zu warten, was nicht geschehen kann, dann seid ihr unzufrieden und irritiert, es steigt vielleicht sogar ein schwacher Wunsch nach Vergeltung auf. Und aus welchem Grund brütet ihr jetzt über solch feindseligen Gefühlen? Aufgrund des Guten, das ihr getan habt! Ist das intelligent? Die Freude, die ihr verspürtet, als ihr das Gute tatet, warum sucht ihr nicht, sie zu bewahren? Indem ihr auf eine Anerkennung wartet, in welcher Form auch immer, begrenzt ihr euch, lasst ihr einen Schatten auf euch fallen. Handelt einzig, weil ihr spürt, dass es nützlich und gut ist.

Erwartet nichts als Gegenleistung und ihr werdet in der Freiheit leben, im Licht, weil die Sonne euch ihr Siegel aufgeprägt hat.

Liebe ist die Fähigkeit, uns von dem zu trennen, was uns am teuersten ist und es zu geben. Aber diese Eigenschaft zeigt sich sehr selten. Man sieht viel eher Menschen um die Wahrung ihres Besitzes streiten, und – wenn sie können – sich dessen zu bemächtigen, was anderen gehört. Ist es tatsächlich vernünftig, dafür so viel Zeit und Energie aufzuwenden, obwohl man bald gezwungen sein wird, alles zurückzulassen? Aber ja, eines Tages kommt der Tod, und ob der Mensch es will oder nicht, auf einen Schlag entreißt er ihm alles. Warum hat er nicht gelernt, schon vor der Stunde des Todes zu geben? In diesem Moment lässt er wohl oder übel alles zurück. Es bleiben ihm nur das Licht und die Freude, die er erworben hat, weil er zu geben wusste.

In der selbstlosen Arbeit besteht das wahre Leben, dieses intensive Leben, das euch selbst inmitten des Getöses der Erde mit dem Himmel verbunden hält. Wenn ihr sicher seid, für eine gerechte und edle Sache zu arbeiten, darf euch nichts davon abbringen, weder Spott noch Kritik, die sicher nicht fehlen werden. Wenn ihr euch bezüglich eures Handelns auf die Meinung anderer verlasst, wenn ihr auf ihre Zustimmung wartet, werdet ihr nichts Großes vollbringen. Und zudem sind sie so launisch! Einen Tag stimmen sie euch zu, und einige Zeit später, keiner weiß warum, kritisieren sie euch und wenden sich von euch ab.

Es gibt im Leben Zeiten des Erfolges, wo man anerkannt und von den anderen geschätzt wird, und dann kommen andere Zeiten, wo man ins Abseits geschoben wird. Wenn man nicht von der Idee der Liebe, der selbstlosen Arbeit erfüllt ist, läuft man Gefahr, von Entmutigung und Bitterkeit überwältigt zu werden. Wenn man aber das Gesetz kennt, sagt man sich: »Ich habe in der Vergangenheit eine Arbeit verrichtet und habe dabei gewisse Qualitäten erworben. Jetzt, wo neue Bedingungen herrschen, muss ich bestimmt eine andere Arbeit verrichten, um andere Qualitäten zu entwickeln.« Auf diese Weise bleibt ihr Herr der Lage.

Wie immer die Umstände auch sein mögen, dieses Licht ermöglicht euch, als Sieger aus Schwierigkeiten hervorzugehen, weil ihr wisst, wie ihr euren Willen und eure Bestimmung, das heißt das Wesentliche, intakt halten könnt. Selbst unter den ungünstigsten Bedingungen darf man niemals die Gelegenheit Gutes zu tun versäumen; dank dieser Bemühungen tut sich in eurem Herzen und in eurer Seele ein Weg auf. Und gebt euch nicht zu schnell mit dem, was ihr verwirklicht habt, zufrieden: Es ist viel Zeit dafür nötig, die Begierden des Herzens umzuwandeln, indem man sie im Feuer des Opfers verbrennt, so wie die Kohle, die man verbrennt, zur Flamme wird.[4]

Gott beurteilt uns nach unserem Herzen. Dort, wo die irdische Welt nicht in der Lage ist, uns zu belohnen, tut es Gott. Denn niemals bleibt das Gute ohne Belohnung. Nur wartet nicht darauf, dass es unbedingt in der Form, in der ihr es getan habt, zu euch zurückkommt. Es kann in ganz unterschiedlichen Formen, die ihr nicht im Vorhinein kennen könnt, zu euch zurückkommen. Ihr gebt Geld und ihr wartet darauf, dass man euch Geld zurückgibt? Aber ihr empfangt vielleicht Gesundheit, Freundschaft, Hoffnung oder Inspiration... oder die Empfindung, ein wahrer Sohn Gottes zu sein, da ihr ja – wie euer himmlischer Vater – gebt, ohne irgendetwas zu erwarten. Das Gesetz der Gerechtigkeit ist ein kosmisches Gesetz, das nichts und niemand außer Kraft setzen kann. Nur ein mangelhaftes Verständnis dieses Gesetzes der Gerechtigkeit raubt den Menschen den Mut, Gutes zu tun. Sie haben Angst, dass man sie ausnützt. Nein, man darf keine Angst haben.

Der Himmel leistet gegenüber demjenigen, der den Wert der selbstlosen Liebe verstanden hat, keinen Widerstand. Tag und Nacht belohnt er ihn. Und selbst wenn es vorkommt, dass er geschädigt wird, arrangiert er es auf eine Weise, dass er diesen Schaden noch als Belohnung empfindet. Ihr seid schockiert, ihr könnt dem nicht zustimmen? Nun, dann habt ihr diese Erfahrung einfach noch nicht gemacht. Was ich euch begreiflich machen möchte ist, dass Gott das Universum auf eine Weise geschaffen hat, dass das, was wir auf der einen Ebene entbehren, uns auf einer anderen zurückgegeben wird, und noch tausend Mal besser, wenn wir dies aufmerksam wahrnehmen. Derjenige, der das Geheimnis der Liebe und des Opferns kennt, gibt alles und er erhält alles.

Ihr wendet ein, dass es Fälle gibt, wo Personen, die aufrichtig den anderen helfen wollten, derart getäuscht und ausgenutzt wurden, dass sie alles verloren haben. Gewiss, aber wenn ich über die selbstlose Liebe gegenüber anderen spreche, meine ich damit nicht, dass ihr euch den Schweinen als Futter vorwerfen sollt. Wie diese Eichel aus der Fabel, die an den Wegesrand gefallen war: Angetrieben von selbstlosen Gefühlen wollte sie losziehen, um der Welt zu helfen. Ihr Vater, die Eiche, sagte zu ihr: »Du bist klein und verwundbar. Sei klug, beginne damit, dich in der Erde zu verbergen. Wurzeln werden sprießen, und wenn du erst einmal groß geworden bist, ja dann wirst du nützlich sein.« Die Eichel antwortete: »Du bist ein herzloses Wesen, ich aber bin voller Liebe für die Geschöpfe, ich will ihnen helfen.« Aber da kam ein Schwein des Weges, sah die Eichel und fraß sie auf.

Bevor man der ganzen Welt helfen will, muss man seine Wurzeln tief in den Boden wachsen lassen, zu einem Baum werden, der seine Blüten, seine Früchte und seinen Schatten und eines Tages sogar sein Holz geben wird. Es gibt nutzlose und unsinnige Opfer. Geben und helfen muss man lernen, der gute Wille genügt nicht. Genauso wie man die Qualitäten des Herzens entwickeln muss, um ein wahrer Weiser zu werden, so muss derjenige, der seine Liebe zum Ausdruck bringen will, auch bestimmte mentale Qualitäten besitzen, wie zum Beispiel Unterscheidungsvermögen.

Und wie erlangen wir Unterscheidungsvermögen? Eben dadurch, dass wir uneigennützig sind, denn Uneigennützigkeit verleiht dem Menschen die Fähigkeit, klar zu erkennen; Egoismus und Begehrlichkeit hingegen machen ihn blind. Benebelt durch seine egoistischen Bestrebungen, sieht man das, was um einen herum geschieht, wie in einem Zerrspiegel. Und da man die Realität nicht so sieht wie sie ist, tut man das, was man in seinem eigenen Interesse zu tun glaubt, nur zum eigenen Schaden. Oh ja, man bringt die eigenen Angelegenheiten nicht unbedingt dadurch in Ordnung, dass man egoistisch ist.

Niemals werde ich euch raten, euch ohne Unterscheidungsvermögen für andere aufzuopfern. Ich will euch nicht als Opfer sehen, ich will euch im Frieden, im Licht und in der Freude sehen, und ich weiß, dass ihr diesen Frieden, dieses Licht, diese Freude nur finden werdet, indem ihr zu geben wisst. Denn jedes Opfer prägt uns den Stempel der Sonne auf. Vergesst niemals, dass eine Verbindung zwischen der niederen und der höheren Welt existiert: Sobald ihr etwas hier unten auf der Erde tut, ruft ihr etwas Identisches oben im Himmel hervor. Das, was ihr gebt, werdet ihr eines Tages zurückerhalten, hingegen ist alles verloren, was ihr für euch behaltet.

Wie lange könnt ihr eine Freude bewahren?... Am nächsten Tag oder auch nur einige Stunden später seid ihr traurig. Denkt daher daran, sogar eure Freude zu geben. Wendet euch an den Herrn, an die göttliche Mutter, an all die himmlischen Wesen, die wissen, wie man sie bewahrt und schützt und sprecht: »Oh Herr, oh göttliche Mutter, und ihr himmlischen Wesen, ich spüre eine solche Freude! Aber ich weiß nicht, was ich damit anstellen soll und ich fürchte, sie zu verlieren. Daher gebe ich sie euch, nutzt sie zum Wohle anderer Geschöpfe.« Auf diese Weise wird sie euch bewahrt. Und wenn ihr eure Liebe schützen wollt, vertraut auch sie diesen himmlischen Wesen an.

Anmerkungen

1. Siehe Band 231 der Reihe Izvor »Saaten des Glücks«, Kapitel 17: »Liebt, ohne Gegenliebe zu erwarten!«.

2. Siehe Band 10 der Reihe Gesamtwerke »Sonnen-Yoga – Die Herrlichkeit von Tiphereth«.

3. Siehe Band 11 der Reihe Gesamtwerke »Der Schlüssel, zur Lösung der Lebensprobleme«, Kapitel 14: »Gebt dem Kaiser, was des Kaisers ist!«.

4. Siehe Band 232 der Reihe Izvor »Feuer und Wasser, Wunderkräfte der Schöpfung«, Kapitel II: »Das Geheimnis der Verbrennung«.

Kapitel 11

»Der Größte unter euch soll euer Diener sein«

Die Menschen wollen in ihrem Miteinander bewusst, und vor allem unbewusst, bedient werden, und das in jeder Hinsicht.

Sie leben gerne in dem Glauben, die anderen seien nur dazu da, ihre Bedürfnisse zu befriedigen, ihnen zu helfen, sie zu verstehen und ihre Meinungen und Vorlieben zu teilen, oder eben ihre Abneigungen. Und wie viele versuchen ihre Eltern, ihre Freunde und Mitarbeiter zu Instrumenten ihres Erfolges zu machen! Hoch oben auf ihrem Sockel behaupten sie sich wie Herren ihren Dienern gegenüber; und wehe dem, der sich nicht unterordnet und seine Unabhängigkeit beweisen will!

Doch haben diese Leute, die so sehr das Bedürfnis haben sich durchzusetzen, eigentlich über die Kraft des Beispiels nachgedacht? Ihr fragt euch, wozu das Beispiel gut sein soll. Nun, das ist ganz einfach. Wenn jemand die anderen beherrschen will, schafft er sich zahlreiche Schüler. Alle Personen in seinem Umfeld, denen er befehlen möchte, beobachten ihn, machen sich Notizen und merken sich die Lektion, die er ihnen durch sein Verhalten gibt.

Ja, unbewusst ist er ihr Lehrer und keine seiner Lehrstunden geht verloren.

Nach und nach beginnen diese gut unterrichteten »Schüler« so wie ihr Lehrer zu handeln, zunächst anderen Personen gegenüber und danach ebenso auch ihm gegenüber.

Dann wird die Lage kompliziert, denn der Herr erfährt, dass diejenigen, die er seinen Interessen völlig ergeben glaubte, dabei sind, ein Komplott gegen ihn zu schmieden. Er bildete sich ein, sie unterworfen zu haben und auf einmal droht der Aufstand. Aber versteht er, dass dies das Ergebnis der Lehrstunden ist, die er ihnen selbst erteilt hat? Meist ist das nicht der Fall, und er versteift sich im Gegenteil darauf, sie unterwerfen zu wollen, womit er um sich herum immer mehr Verwirrung und Fassungslosigkeit hervorruft; bis die anderen, die der Ansicht sind, er sei zu weit gegangen, ihn eines Tages schließlich vertreiben. Und dann sieht man nur mehr einen armen Unglücklichen, der sich beklagt, verraten worden zu sein und der an Selbstmord denkt.

Das Unglück der Menschen besteht darin, dass sie sich nicht bewusst sind, dass sie mit ihrer Vorstellung von dem, was sie zufriedenstellen soll und der Art und Weise, wie sie es erreichen wollen, nur ärmer werden und sich sogar zerstören.[1]

Und dann versteifen sie sich darauf bis zum endgültigen Ruin.

Vielleicht ist das nicht immer ihr materieller, sondern ihr spiritueller Ruin, und manchmal auch der ihres Umfeldes, das sie durch ihr Beispiel beeinflusst haben.

Jeder ist für die anderen ein Vorbild. Je nachdem, ob man die Haltung eines Dieners oder die eines Diktators annimmt, erhält man natürlich nicht dieselben Ergebnisse. Stellt ihr euch mit Weisheit und Großzügigkeit in den Dienst der anderen, werden einige von euren Lektionen inspiriert werden und wenn sie diese dann anwenden wollen, werdet ihr der Erste sein, der davon profitiert. Es ist natürlich, dass ihr es schätzt, wenn euch die anderen Sympathie und Liebe entgegenbringen und sogar ihre Hilfe anbieten, aber ihr werdet sie nur erlangen, wenn ihr damit beginnt, selbst ein Beispiel zu geben. Für das Gute wie auch für das Schlechte erntet ihr eines Tages die Früchte der Samen, die ihr gesät habt.

Die Moral beruht auf einem sehr einfachen Prinzip, da es sogar die Grundlage der Landwirtschaft darstellt: Man erntet, was man sät.[2] Von den Eltern über die Erzieher und alle möglichen Verantwortlichen bis hin zu den Staatschefs sollte jeder über dieses Gesetz meditieren und verstehen, wie vorteilhaft es ist, ein Diener zu werden, anstatt den Herrn oder die Herrin zu spielen.

Das Leben von Paaren ist oft nur eine Folge von Konfrontationen. Wer von beiden wird sich durchsetzen? Und auch da muss der Mann seiner

Frau dienen, weil sie seine Schülerin ist und ihn nachahmen wird. Und die Frau muss ihrem Mann dienen, weil er ebenso ihr Schüler ist und sich an ihr ein Beispiel nehmen wird. Wenn alle beide miteinander wetteifern im Bestreben zu herrschen, bereiten sie sich unaufhörliche Kämpfe, wenn sie aber miteinander wetteifern im Bestreben zu dienen, wird dies das Reich Gottes sein. Im Reich Gottes gibt es nur Diener: die Engel, die Erzengel und alle Hierarchien von lichtvollen Geistern. Gott ist der einzige Herr. Nur auf der Erde findet man Geschöpfe, die ein so starkes Verlangen nach Dienern und manchmal sogar nach Sklaven haben. Und diejenigen, die das nicht durch ihr Verdienst erreichen, versuchen sich mit Gewalt oder durch List durchzusetzen.

Aber wie oft wird der enttäuscht, der bedient werden möchte! Es kommt nämlich selten vor, dass man von den Menschen genau das bekommt, was man sich wünscht. Hört, was diejenigen sagen, die Dienstboten haben oder jene, die von ihrem Umfeld immer etwas erwarten. Anstatt zufrieden zu sein, klagen sie: Die Arbeit wurde nicht richtig gemacht, die Gegenstände wurden nicht auf ihren alten Platz zurückgestellt, man hat ihnen nicht genau das gebracht, was sie wollten oder man hat es ihnen nicht im richtigen Moment gebracht oder so, wie sie es wollten. Es mangelt ihnen nicht an Gründen, sich zu beklagen.

Wenn ihr von den anderen wirklich etwas verlangen müsst, dann versucht zumindest, nicht zu fordernd zu sein. Aber ihr müsst vor allem ein für alle Mal verstehen, dass ihr euch in den Dienst der anderen stellen müsst, wenn ihr glücklich sein wollt, denn dann bringt ihr in euch eine Quelle von noch unbekannten Energien zum Fließen, und diese Energien sind unerschöpflich.

Es kann auch vorkommen, dass Menschen euch ihre Dienste anbieten, warum nicht. Aber selbst, wenn ihr das akzeptiert, müsst ihr auch dabei wissen, dass das Ganze nicht unbedingt so vor sich gehen wird, wie ihr es euch erhofft. Und ihr werdet euch auf alle Fälle glücklicher fühlen, wenn ihr versucht, ihnen nützlich zu sein. Natürlich entsprechend euren Möglichkeiten, denn zuerst muss man sich bewusst sein, wozu man fähig ist. Aber wenn ihr diese Frage einmal gelöst habt, dann denkt bei allem, was ihr tut, daran, wie ihr eurerseits den anderen helfen könnt. Und wen interessiert es dann, wenn sie nicht dankbar sind oder wenn sie nicht einmal merken, was ihr für sie tut? Ihr seid glücklich, weil ihr es wisst. Die anderen sind nicht so wichtig, vielleicht werden sie es eines Tages verstehen.

Weiß denn das Kind, was seine Mutter für es tut? Sie steht vollkommen im Dienste dieses kleinen Geschöpfes, das ihre ganze Aufmerksamkeit fordert, das schreit, das weint und sie in der Nacht aufweckt. Geduldig und voller Liebe nimmt sie es in ihre Arme, um es zu nähren und es in den Schlaf zu wiegen. Sie erwartet nicht, dass es sich bei ihr bedankt, denn sie ist glücklich, wenn sie sich ihrem Kind widmen kann. Aber wenn dann eines Tages sehr viel Zeit vergangen und dieses Kind groß geworden ist und sich bewusst wird, was seine Mutter für es getan hat, wird es sie umsorgen, und sie wird in seinem Herzen wie eine Gottheit sein.

Auf den ersten Blick stimmt es, dass die Vorstellung, den anderen zu dienen, nie wirklich anziehend, sondern vielmehr demütigend ist. Aber das ist so, weil man nicht weiß, was wahres Dienen bedeutet. Man weiß nicht, wem man bei den anderen dienen soll: ihrem niederen Ich (ihrer Gier nach Geld, Macht und Vergnügungen) oder ihrem höheren Ich (ihrem Streben nach Licht). Man hat in der Geschichte Männer und Frauen gesehen, die sich in den Dienst von Menschen stellten, die ihnen verhasst waren, um sie auf Wege zu locken, die zu ihrem Untergang führten, um auf diese Weise zu Instrumenten ihres Falls zu werden. Sie hatten also deren niederem Ich gedient. Der Dienst hingegen, von dem ich hier spreche, ist der Dienst am höheren Ich.[3]

Denn ihr solltet dem höheren Ich, der Gottheit im Menschen, dienen. Warum sagte Jesus in den Evangelien: »Der Größte unter euch soll euer Diener sein« (Mt 23,11)? Weil man eben selbst sehr groß sein muss, um fähig zu sein, der Gottheit in den Geschöpfen zu dienen. Wer groß ist, fühlt sich niemals herabgesetzt oder gedemütigt, wenn er sich so in den Dienst der anderen stellt, denn seine Größe liegt in der Größe des Geistes.

Der Geist fühlt sich niemals gedemütigt, wenn er in die Materie eindringt, um sie zu erhellen und zu beleben. Also dürft auch ihr euch nicht gedemütigt fühlen, wenn ihr euch in den Dienst der anderen stellt, um ihnen dabei zu helfen, klarer zu sehen und die beste Lösung für ihre Probleme zu finden, auch wenn euch diese Probleme unbedeutend erscheinen. Wenn ihr euch der Macht eures Geistes bewusst seid, werdet ihr euch niemals davor fürchten, euch auf das Niveau der Kleinen, Schwachen und Unwissenden zu begeben, ihr werdet wissen, dass ihr durch nichts eure Würde, eure wahre Größe verlieren werdet.

Jesus war groß, weil er sich unendlich klein machen konnte. Er verlangte niemals, dass man sich vor ihm krümmte und ihm diente. Er war es, der sich zum demütigen Diener aller machte. Und so wie Jesus darf auch derjenige, der einen außergewöhnlichen Grad der Entwicklung erreicht hat, in seiner Größe keinen Vorwand finden, um sich den anderen aufzuzwingen. Je stärker man ist, desto demütiger muss man sich zeigen.[4] Das bedeutet es, groß zu sein.

Man muss anerkennen, dass es schon viel bedeutet, das Licht zu finden, aber das reicht nicht. Die nächste Frage betrifft die Einstellung, das Verhalten. Kein Wissen und keine spirituelle Macht darf dazu verwendet werden, die anderen zu beherrschen. Möge sich jeder so hoch erheben, wie er kann, aber nur innerlich; äußerlich darf sich keiner auf ein Podest stellen. Welchen Sinn hat es, sich zu erheben, wenn es aus dem Grund geschieht, anschließend seine Mitmenschen zu zermalmen? Zahlreiche Propheten, die überzeugt waren, im Besitz der Wahrheit zu sein, ließen Köpfe abschneiden. Im Besitz der Wahrheit zu sein, hat niemals jemandem dieses Recht gegeben.

Und was soll man dann über eine Kirche sagen, die so viele wunderbare Menschen auf den Scheiterhaufen geschickt und ganze Städte in Brand gesteckt hat, anstatt sich demütig und milde zu zeigen? Sie wollte angeblich Seelen retten, aber oft war das ein Vorwand, um sie ihrer Macht zu unterwerfen. Jeder sollte sie als die Vertreterin Christi auf Erden betrachten. Nun, sie hat auf diese Weise den schlimmsten aller Fehler begangen. Was hat sie mit einer solchen Haltung gewonnen? Wir sagen in Bulgarien: »Auch wenn der Hodscha auf das Minarett hinaufgestiegen ist, singt er noch immer dasselbe Lied.«

Die Wahrheit ist mit einer unermesslichen Energie aufgeladen, aber man muss sie mit Vorsicht umhüllen, damit die anderen sie aufnehmen und verdauen können, ohne dass Schaden angerichtet wird. Der Weise drückt die Macht, die ihm die Wahrheit verleiht, durch Liebe, Güte und Sanftmut aus.[5]

Und wenn ihr euch so sehr danach sehnt, ein Meister zu werden, dann beginnt, euch gegenüber anderen Dienern zu behaupten, gegenüber euren Zellen. Ihr habt Millionen von kleinen Dienern, die gleichzeitig eure Schüler sind. Ja, denn eure Zellen beobachten euch auch und folgen dann eurem Beispiel. Übt euch bei diesen Schülern. Über sie könnt ihr vollständige Autorität erlangen. Befehlt und ordnet an so viel ihr wollt, damit sie zu eurer physischen und geistigen Gesundheit beitragen. Aber seid sonst überall nur Diener.

Anmerkungen

1. Siehe Band 231 der Reihe Izvor »Saaten des Glücks«, Kapitel 2: »Vergnügen ist noch kein Glück« und Kapitel 3: »Nur die Arbeit macht glücklich«.
2. Siehe Band 12 der Reihe Gesamtwerke »Die Gesetze der kosmischen Moral«, Kapitel 1: »Ihr werdet ernten, was ihr gesät habt«.
3. Siehe Band 213 der Reihe Izvor »Die menschliche und göttliche Natur in uns«, Kapitel 10: »Die höhere Natur in sich selbst und anderen fördern«.
4. Siehe Band 221 der Reihe Izvor »Alchimistische Arbeit und Vollkommenheit«, Kapitel 11: »Hochmut und Demut«.
5. Siehe Band 234 der Reihe Izvor »Die Wahrheit, Frucht der Weisheit und der Liebe«.

Kapitel 12

Dank: Quelle von Licht und Freude

Ihr geht eine Straße entlang und ohne ersichtlichen Grund spürt ihr, wie euch eine freudige Beschwingtheit erfasst, die eure Schritte leichter werden lässt. Und nun findet ihr nicht nur ein Interesse und einen Reiz an allem, was ihr bis dahin nicht einmal bemerkt habt, sondern ihr findet auch die Passanten so sympathisch, dass ihr Lust habt, ihnen zuzulächeln, um mit ihnen die Freude und Fröhlichkeit, die euch so plötzlich überkam, zu teilen. Sucht nicht nach dem Grund, denn die grundlose Freude ist die wahre Freude, ebenso wie die grundlose Traurigkeit die wahre Traurigkeit ist.

Ich sage nicht, dass es keinen objektiven Grund gibt, fröhlich zu sein oder keinen objektiven Grund, traurig zu sein. Aber die wahre Fröhlichkeit ist eine Grundstimmung der Seele, die jenseits aller Schwierigkeiten, Hindernisse und Leiden das Leben als ein Geschenk Gottes empfindet und vor Dankbarkeit überfließt. Wahre Traurigkeit hingegen ist eine psychische Grundstimmung, die den Menschen blind macht für alle schönen und guten Dinge, und dazu führt, dass er in allem einen Grund sieht, betrübt zu sein.

Wenn ihr wollt, dass euch die Fröhlichkeit oft besucht, dann pflegt die Dankbarkeit – Dankbarkeit gegenüber dem Schöpfer, gegenüber der Natur und gegenüber den Menschen. Dann wird euch, auch wenn ihr keinen Grund habt, euch zu freuen, die Freude überraschen, so wie euch Freunde mit einem unerwarteten Besuch eine Überraschung bereiten.

Ihr werdet sagen, dass man einen Anlass braucht, um das Bedürfnis zum Danken zu verspüren. Nein, dankt, das ist alles, ohne dass ihr euch Fragen stellt über die Gründe dieses Dankens. Wenn ihr diese grundlose Freude erfahren wollt, die eurem Leben Geschmack, Farbe und Licht verleiht, dann lernt, auch ohne Grund zu danken. Natürlich fehlen die Gründe zu danken nicht: Ihr könnt Gott für das Leben danken, das ihr erhalten habt, für dieses Leben, das euch die Möglichkeit gibt, so viele Reichtümer zu entdecken; ihr könnt Gott für das Glück danken, gesund zu sein und eine Familie und Freunde zu haben. Und denkt auch an alle unguten Begegnungen und an alle Unfälle, die an einem Tag passieren können und denen ihr entgangen seid. Wenn ihr zum Beispiel gesund und sicher von einer Autofahrt zurückkehrt, denkt ihr dann daran zu danken? Auf einer Straße können so viele Unfälle passieren, und manchmal fehlt nicht viel!

Sprecht ihr das Wort »danke« aus, dann ist das so, als ob ihr eine Quelle von Licht, Frieden und Freude in eurer Seele sprudeln lasst. Und diese

Quelle ergießt sich in alle eure Zellen. Nach und nach spürt ihr dann, wie in euch etwas belebt wird, stärker und heller wird. Und wenn ihr eines Tages großen Schwierigkeiten gegenübersteht, dann brecht ihr nicht zusammen, sondern werdet im Gegenteil noch in der Lage sein, weiterhin zu danken. Und genau diese Fähigkeit, in den Prüfungen zu danken, wird euch helfen sie durchzustehen.

Wie viele gute Dinge haben ihren Ursprung in einem Gefühl der Dankbarkeit und wie viele schlechte entspringen der Undankbarkeit. Denn das geht sehr weit über dieses Gefühl hinaus, das ihr zu einem bestimmten Zeitpunkt empfindet. Sobald ihr in euch ein Gefühl der Dankbarkeit herstellt und es aufrechterhaltet, damit es wachsen kann, beschränkt es sich nicht darauf, passiv zu existieren. Aufgrund des Gesetzes der Affinität zieht es durch seine Schwingungen Eindrücke und Empfindungen an, die ihm ähnlich sind. Alle Segnungen fließen euch also aufgrund einer Kleinigkeit zu, einer Regung von Dankbarkeit.

In allem, was euch widerfährt, ob Schmerzen oder Freuden, gibt es etwas für eure Entfaltung, für euer Verständnis des Lebens zu entdecken. Und Dankbarkeit ist der Schlüssel, der die Tore zum wahren Wissen öffnet. Deshalb sagt morgens beim Erwachen, bevor ihr an irgendetwas x-Beliebiges denkt: »Mein Gott, danke, dass Du mir auch heute das Leben geschenkt hast, damit ich Dir dienen und Deinen Willen erfüllen kann, zu Deinem Ruhme und dem Kommen Deines Reiches auf Erden.«[1] Durch diese wenigen Worte stellt ihr euch schon unter den Schutz des Himmels, gebt ihr allem, was ihr im Laufe des Tages tun werdet, die richtige Ausrichtung und findet die richtige Einstellung gegenüber allen Geschehnissen, die sich ereignen können. Denn es genügt nicht, dass ihr in dem Moment, wo ihr eine gute Nachricht erhaltet oder etwas bekommt, das euch gut tut, »danke Herr« sagt. Ihr müsst lernen, überall und zu jeder Zeit zu danken.

Die Wahrheit ist, dass wir zu dem Zeitpunkt, zu dem sich die Dinge ereignen, nicht wissen können, ob sie sich mit der Zeit für uns als gut oder schlecht erweisen werden.

Wie viele Umstände, die die Menschen als erfreulich betrachteten, waren am Ende die Ursache ihres Zusammenbruchs, und wie viele Prüfungen erwiesen sich auf lange Sicht als sehr vorteilhaft! Wir können nicht augenblicklich über Glück oder Unglück urteilen; um sich dazu äußern zu können, muss man auf die langfristigen Auswirkungen jedes Ereignisses warten.

Weisheit besteht also darin, dass man Schwierigkeiten und Prüfungen als Verfolger betrachtet, die die Vorsehung uns an die Fersen heftet, um uns zu zwingen, auf Wegen zu gehen, auf denen wir große Entdeckungen machen werden. Ohne diese Verfolger würden wir uns nicht bewegen und unwissend und schwach bleiben.[2] Wie viele Schätze warten auf diese Weise auf uns! Wer sich bei jeder Unannehmlichkeit zu beklagen oder aufzulehnen beginnt, wird an diesen Schätzen vorbeigehen, ohne dass er sie sieht.

Diese Philosophie muss für euch zur zweiten Natur werden. Nehmt die Gewohnheit an, euch bei jeder unangenehmen oder schmerzhaften Situation zu sagen, dass am Ende des Weges vielleicht das Glück auf euch wartet. Da ihr für den Moment nicht wisst, was folgen wird, verliert eure Zeit nicht mit Klagen oder Auflehnung, sondern dankt vielmehr dem Himmel. Indem ihr »danke« sagt, befreit ihr in euch Energien, die euch helfen werden, die Lage zu meistern. Die Macht des Dankens liegt also in Folgendem: Es nimmt sogleich den Kampf mit dem sich aufbauenden Hindernis auf und neutralisiert die Gifte, die eure Traurigkeit, euer Zorn und eure Entmutigung bereits abzusondern begannen.

Nichts ist schwieriger, als sich über die Natur der Geschehnisse zu äußern, wenn sie sich gerade ereignen. Das gilt für das, was uns selbst widerfährt und für das, was den anderen passiert, denn wir kennen weder die Vergangenheit noch die Zukunft. Ihr begegnet zum Beispiel einem Menschen, der einem Laster zum Opfer gefallen ist, das ihn zerstört. Das kann Alkohol sein, Drogen, Ausschweifungen oder das Glücksspiel. Ihr sagt, man müsse ihm helfen, sich zu befreien. Ihr bemüht euch natürlich aus Mitgefühl, ihn da herauszuholen. Ihr schafft es aber nicht und das stimmt euch traurig. Sagt euch dann, dass ihn dieses Laster, dem er zum Opfer gefallen ist, vielleicht daran hindert, noch Schlimmeres anzurichten.

Ja, es gibt Menschen, die vom Geist des Bösen bewohnt werden. Sie haben in einem vorangehenden Leben Verbrechen begangen, und in diesem Leben haben die Gesetze des Karmas sie dazu verurteilt, Sklaven einer Sucht zu bleiben. Und diese Sucht hält sie von Aktivitäten ab, bei denen sie sich als noch gefährlicher erweisen könnten. Da sie diese Sucht völlig vereinnahmt, sind sie wie betäubt und nicht mehr wirklich in der Lage, Schaden anzurichten. Ja, es ist sehr schwierig, gegenwärtige Situationen und Geschehnisse zu interpretieren, denn man kennt weder die Vergangenheit noch die Zukunft. Einen ähnlichen Gedankengang legte Voltaire in seiner philosophischen Erzählung »Zadig oder das Schicksal« dar.

Aber kommen wir zu euch zurück und der besten Methode für euch, um Schwierigkeiten zu begegnen. Da ihr die Gründe für das, was euch widerfährt, nicht kennt, solltet ihr euch angewöhnen, dem Himmel zu danken. Selbst wenn ihr objektiv betrachtet, keinen Grund habt zu danken, sagt: »Danke Herr...«, »mein Gott, ich danke

Dir.« Das muss ganz natürlich aus euch herauskommen, ohne dass ihr euren Willen einschalten müsst, genau so wie beim Atmen.

Vor sehr langer Zeit in Bulgarien reiste ich einmal mit einem Freund. Es war Abend, als wir an einem Bahnhof ankamen und keine Möglichkeit mehr hatten, weiterzufahren. Ein Weichensteller, der dort arbeitete, bot uns dann an, uns im Bahnhof unterzubringen. Als ich am nächsten Morgen aufwachte, beobachtete ich ihn bei seiner Arbeit. Er war sichtlich schon betrunken, aber er erfüllte sehr gewissenhaft seine Aufgabe und grüßte freundschaftlich die Lokomotivführer der vorbeifahrenden Züge. Ich sprach ein bisschen mit ihm, stellte ihm einige Fragen und er erklärte mir, dass er seit seiner Jugend so an diese Arbeit gewöhnt sei, dass er sie, selbst wenn er getrunken habe, weiterhin mit großer Genauigkeit ausführen könne. Das war ein sehr rechtschaffener Mann und ich habe ihn nicht vergessen. Ihr seht, manchmal kann man von nüchternen Leuten nichts bekommen und man wendet sich besser an einen betrunkenen Menschen, der seine Arbeit liebt!

Natürlich rate ich euch nicht, ihn bezüglich seines Hangs zum Trinken nachzuahmen, aber gewöhnt euch wie er daran, gewissenhaft eure tägliche Aufgabe zu erfüllen. Und eure tägliche Aufgabe besteht darin, dass ihr immer dankbar gegenüber dem Herrn seid, was euch auch widerfährt.

Dankt, bewusst oder unbewusst, denn es wird auf jeden Fall aufgezeichnet.[3] Indem ihr dankt, reinigt und erhellt ihr die Atmosphäre in euch und um euch herum. Dankt also sofort, ganz spontan und automatisch und ihr werdet anschließend genügend Zeit haben, euch zu erinnern, warum und wie ihr gedankt habt.

Ja, dankt immer und für alles, sogar für das Gute, das ihr tut. Ich habe euch gesagt, dass ihr niemals erwarten dürft, dass eure guten Taten anerkannt werden. Das ist manchmal schwierig, denn sogar wenn ihr nicht erwartet, etwas im Gegenzug zu erhalten, so hofft ihr zumindest, dass man anerkennt, dass ihr Gutes getan habt. Doch das ist nicht immer der Fall, und manchmal wird es sogar so eingerichtet, dass man euch Vorwürfe macht. Ihr werdet Enttäuschungen und Traurigkeit, die ihr dann empfinden mögt, überwinden, indem ihr dankbar seid, dass ihr euch nützlich erweisen konntet. Wenn ihr also für die anderen etwas Gutes tut, dann sind es nicht so sehr sie, die euch Dank schulden. Ihr solltet ihnen danken, dass sie euch die Gelegenheit gegeben haben, nicht nur eure Güte und eure Großzügigkeit zu zeigen, sondern auch eure Weisheit, eure Intelligenz und viele andere Qualitäten und Fähigkeiten, die man einsetzen muss, wenn man jemandem einen Dienst erweisen will.

Um wirklich auf dem Weg des Lichts zu gehen, müssen wir viele Wahrheiten kennen, die die meisten Menschen vernachlässigen. Sie denken, dass wir uns mit bedeutungslosen Kleinigkeiten beschäftigen. Ja, mit ganz kleinen Dingen, aber das gesamte Universum besteht aus ganz kleinen Dingen, aus Atomen, aus Elektronen, die man nicht einmal sieht. Diese kleinen Dinge sind die für die Erschaffung und Aufrechterhaltung des Lebens unentbehrlichen Elemente.

Wenn ihr zum Beispiel einen Mangel verspürt, euch etwas fehlt, dann leidet ihr und setzt an, euch zu beklagen. Haltet in diesem Moment inne und führt euch alles, was ihr besitzt, vor Augen. Warum sollte die Feststellung eines Bedürfnisses oder eines Mangels plötzlich euren Blick verdunkeln? Dankt Gott jeden Tag, weil die Sonne aufgeht. Dankt Ihm für die Luft, das Wasser und das Licht. Dankt ihm für alles, was ihr sehen, hören, schmecken und verstehen könnt. Dankt Ihm, dass Er euch die Fähigkeit gegeben hat, mit Ihm und mit allen himmlischen Wesen in Verbindung zu treten. Ihr werdet sagen: »Aber Gott braucht unsere Dankbarkeit nicht!« Doch, Er braucht sie für uns, nicht für Sich. Er braucht es, dass diese Wesen, die Er erschaffen hat und die in Ihm leben, sich dessen bewusst werden, was sie besitzen, weil sie Seine Kinder sind, Seine Erben.[4] Die Weisheit und die Liebe Gottes nicht anzuerkennen, erzeugt Dissonanzen in der kosmischen Harmonie.

Danken zu können ist der Beweis, dass man bewusst ist, dass man gesehen und dass man verstanden hat. Deshalb ist Dankbarkeit eine sehr wesentliche Tugend. Die Menschen können deshalb nicht danken, weil sie vor sich hin dämmern, weil sie nicht gelernt haben zu schauen, zu hören und die Wesen und Dinge zu spüren. Psychisch gesehen sind ihre fünf Sinne betäubt. Wie viele denken daran, wenn sie am Morgen erwachen, zu sagen: »Ich bin lebendig! Herr, sende mir einen Strahl Deiner Gnade, damit ich es schaffe, mir bewusst zu werden, was Du mir alles geschenkt hast?«

Und wenn ihr euch dann vor dem Spiegel wascht, wie könnt ihr da nicht begeistert sein, dass ihr eine Stirn, Augen und Haare habt? Woran denkt ihr am Morgen vor eurem Spiegel? Und in dem Moment, wo ihr Wasser ins Waschbecken oder in die Dusche laufen lasst, woran denkt ihr da? Und dann seht ihr eure Frau, eure Kinder… Vielleicht sagt ihr, ihr habt keine. In Ordnung, aber wenn ihr euer Haus verlasst, trefft ihr doch jemanden. Woran denkt ihr, wenn ihr ihn seht? Alle Menschen, die in eurer Nähe leben, genauso wie auch diejenigen, die ihr trefft, sind da, um euch zum Nachdenken anzuregen, um eure Feinfühligkeit zu verbessern. Wann lernt ihr, euch zu erfreuen und für all die unerschöpflichen Reichtümer des Lebens zu danken, damit ihr selbst lebendiger werdet?

Wer sich erfreuen kann, wird einen Kieselstein auf dem Weg aufheben und sagen: »Schaut, was ich gefunden habe!« Für ihn ist dieser Kieselstein ein Zeuge für die Erschaffung der Welt, und indem er ihn fest in seiner Hand hält, fühlt er die Milliarden Jahre, die verstrichen sind und die Kräfte, die auf ihn eingewirkt haben, bis er zu diesem Stein auf einem Weg geworden ist. Solche Erfahrungen warten auf euch!

Habt ihr euch niemals gefragt, wie ihr am Leben der Natur teilhaben könnt? Ihr seht die Sonne, den Mond und die Sterne auf- und untergehen. Ihr seht die Jahreszeiten vorüberziehen, aber was habt ihr von diesem Wechsel der Jahreszeiten gelernt? Frühling, Sommer, Herbst und Winter – die vier Jahreszeiten sind die Tore, die sich über dem Geheimnis des Namens Gottes öffnen, den vier Buchstaben, Jod י, He ה, Vau ש, He ה, die in Verbindung mit den vier Elementen stehen.

Im Tierkreis beginnt der Frühling mit dem Widder, einem Feuerzeichen, der Sommer mit dem Krebs, einem Wasserzeichen, der Herbst mit der Waage, einem Luftzeichen und der Winter mit dem Steinbock, einem Erdzeichen. Der Eintritt in jede Jahreszeit geschieht also im Zeichen von einem der vier Elemente. Dem Widder, dem Feuer, entspricht der Buchstabe Jod י; dem Krebs, dem Wasser, entspricht der Buchstabe He ה; der Waage, der Luft, entspricht der Buchstabe

Vau ש; und dem Steinbock, der Erde, entspricht das zweite He ה. Entsprechend seiner Jahreszeit kann sich jedes der vier Elemente manifestieren. Und so haben innerhalb eines Jahres nacheinander Feuer, Wasser, Luft und Erde ihr Wort mitzureden.[5]

Warum fühlen sich die Menschen auf der Erde so oft wie Fremde? Weil sie nicht wissen, was man machen muss, um sich mit ihr bekannt zu machen. Die Erde nährt sie, trägt sie, sie kommen und gehen auf den Straßen und Wegen in alle Richtungen, ohne jemals daran zu denken, ihr ihre Dankbarkeit und ihre Liebe zu senden. Ihr wollt, dass die Erde euch als Bekannten erkennt? Dann bleibt, wenn ihr in der Natur spazieren geht, ab und zu stehen, legt eure Hand auf sie, streichelt sie und sagt: »Oh Erde, meine Mutter, wie sehr schätze ich deine Festigkeit, deine Großzügigkeit! Durch meinen Respekt, meine Dankbarkeit und meine Liebe will ich dir ein wenig von dem zurückgeben, was du mir gibst.« Auf diese Weise werdet ihr euch mit ihr bekannt machen und ihr werdet euch nicht mehr wie ein armer Unglücklicher fühlen, der auf fremdem Boden ausgesetzt wurde, sondern als Söhne und Töchter Gottes in eurer Heimat.

Und denkt in diesem Moment auch daran, tief und bewusst zu atmen, indem ihr euch an den Engel der Luft wendet und zu ihm sagt: »Geliebter Engel der Luft, du schöner und mächtiger Diener

Gottes, durchdringe mich mit deinem Atem, entferne die Unreinheiten aus meinen Lungen, aus meinem Herzen und aus meinem Gehirn und erfülle mich mit Harmonie, damit ich ein Diener werde wie du.« Und da der Engel der Luft überall ist, alle Strömungen lenkt, die die Atmosphäre durchziehen und in jeden Spalt dringt, ist er sehr empfindsam und hört euch. Er ordnet dann an, dass man euch einige Teilchen von dieser sehr feinen Substanz bringt, die man Äther nennt, und ihr fühlt euch dann, als ob eurer ganzes Wesen sich ausdehnen und in den Raum emporsteigen würde.

Das Universum, in dem wir leben, ist uns nicht verschlossen und wir stehen mit ihm im Austausch auf allen Ebenen, im Physischen, Psychischen und Geistigen. Bewusst oder unbewusst schwingen wir, atmen wir mit ihm und in ihm. Dieses Universum ist ein lebendiges, intelligentes, organisiertes und vor allem hierarchisch aufgebautes Ganzes. Ja, hierarchisch aufgebaut, von den dichtesten und dunkelsten Regionen bis hin zur göttlichen Welt, die reines Licht ist. Und da der Mensch ein Abbild dieses Universums ist, es widerspiegelt, finden wir in uns dieselben Regionen mit denselben Stoffen, denselben Energien und denselben Wesenheiten wieder.

Und nun stellt sich die Frage nach unserer Einstellung gegenüber dieser Hierarchie. Ihr seht das vielleicht nicht, aber diese Frage ist von sehr großer Bedeutung. Denn die Menschen stoßen deshalb auf so viele Schwierigkeiten, setzen sich so vielen Leiden aus, weil sie gegenüber dieser Hierarchie in ihrem Inneren, die nach dem Bild der kosmischen Hierarchie aufgebaut ist, an deren Spitze Gott steht, nicht die richtige Einstellung gefunden haben.[6]

Aber was ist mit Einstellung gemeint? Ein Ergebnis, eine Synthese dessen, was wir sind. Sie offenbart den Zustand unseres physischen Körpers, aber auch den unserer psychischen und spirituellen Körper und ebenso die Qualität der Energien, die in ihnen kreisen und arbeiten. Diese Einstellung formt uns, modelliert uns; sie verbindet uns mit den verschiedenen Regionen des Raumes, und wenn sie aus Respekt und Liebe und vor allem aus Dankbarkeit besteht, lenkt sie die Strömungen und Geistwesen der Lichtwelt auf uns.

Anmerkungen

1. Siehe Band 215 der Reihe Izvor »Die wahre Lehre Christi«, Kapitel 5: »Wie im Himmel so auf Erden« und Kapitel 4: »Suchet zunächst das Reich Gottes und seine Gerechtigkeit«.

2. Siehe Band 242 der Reihe Izvor »Unerschöpfliche Quellen der Freude«, Kapitel 3: »Das Leiden als Antrieb«.

3. Siehe Band 225 der Reihe Izvor »Das Buch der göttlichen Magie«, Kapitel 11: »Die drei magischen Hauptgesetze«.

4. Siehe Band 238 der Reihe Izvor »Der Glaube versetzt Berge«, Kapitel 8: »Unsere göttliche Abstammung«.

5. Siehe Band 32 der Reihe Gesamtwerke »Die Früchte des Lebensbaums«, Kapitel 7: »Die vier Elemente«.

6. Siehe Band 236 der Reihe Izvor »Weisheit aus der Kabbala«, Kapitel 1: »Vom Menschen zu Gott: der Hierarchiebegriff«.

Kapitel 13

Möge euer Name im Buch des Lebens eingetragen sein

An mehreren Stellen in der Bibel wird ein Buch mit dem Titel »Buch des Lebens« erwähnt. In diesem Buch, das natürlich ein Symbol ist, sind Namen aufgeführt. Es heißt dort zum Beispiel: »Tilge sie aus dem Buch des Lebens, damit sie nicht geschrieben stehen bei den Gerechten (Ps 69,29)« oder auch »Ich werde seinen Namen nicht austilgen aus dem Buch des Lebens, und ich will seinen Namen bekennen vor meinem Vater und vor seinen Engeln« (Off. 3,5).

Ihr werdet fragen: »Aber woher können wir wissen, ob unser Name im Buch des Lebens aufgeführt ist?« Als Antwort kann ich nur einen Vergleich anführen: Genauso wie ihr wisst, ob euer Name in den Registern einer Organisation oder Administration eingetragen ist, so wisst ihr auch, ob er in diesem Buch eingetragen ist. Ihr wolltet eine Zeitung abonnieren, also hat eine Sekretärin euren Namen und eure Adresse notiert, und so wirft der Briefträger die neue Ausgabe der Zeitung täglich in euren Briefkasten. Wenn ihr eure Adresse wechselt, dann wird die Zeitung auf Antrag nachgesendet. Da ihr täglich diese Zeitung bekommt, ist auch euer Name irgendwo in einer Datei vermerkt. Genau so ist es, wenn euer Name oben im Buch des Lebens eingeschrieben ist. Es ist, als hättet ihr eine Zeitung abonniert, jedoch eine ganz besondere Zeitung, die sich an eure Seele und an euren Geist wendet und euch jeden Tag neues Wissen, ein besseres Verständnis der Dinge, Frieden, Licht und Freude bringt. Also: Selig sind die, deren Name im Buch des Lebens eingetragen ist!

Diejenigen, die auf einer Liste erscheinen, können nicht vergessen werden. Das wissen die Menschen genau, sie, die ständig Register erstellen. Doch der Unterschied zwischen den himmlischen Registern und den irdischen Registern besteht darin, dass eine einfache Nachfrage nicht ausreicht, um dort eingetragen zu werden; man muss es sich durch seine Arbeit und seine Anstrengungen verdienen, dann wird man auch ohne um irgendetwas zu bitten eingeschrieben. Wer nicht arbeitet, wird nirgends eingetragen und erhält gar nichts. Es bleibt ihm nichts anderes übrig, als so wie jener Mann zu verfahren, der es vornehm fand, Visitenkarten zu haben und mangels anderer Titel seinem Namen den Zusatz »Abonnent von Gas und Strom« folgen ließ! Ja, auch das ist ein Abonnement!

Natürlich müsst ihr wissen, dass euer Name, der in diesem Buch des Lebens eingetragen ist, nicht der standesamtliche Name ist, da das Buch des Lebens kein richtiges Buch ist. Das Buch des Lebens ist ein Symbol des Universums, und wenn es heißt, dass in diesem Buch Namen eingetragen sind, so ist der Grund dafür, dass – aus der Sicht der spirituellen Wissenschaft – der Name die Quintessenz eines Geschöpfes ausdrückt, er ist die Synthese seines gesamten Wesens.

Eine Stelle in den Evangelien berichtet, dass die Jünger zu Jesus sagten: »Herr, selbst die Dämonen sind in deinem Namen zu unseren Diensten.« Und Jesus antwortete ihnen: »Seht ich habe euch Macht gegeben, zu treten auf Schlangen und Skorpione, und Macht über alle Gewalt des Feindes; und nichts wird euch schaden. Doch darüber freut euch nicht, dass euch die Geister untertan sind. Freut euch aber, dass eure Namen im Himmel geschrieben sind« (Lk 10,19). Mit seinem Namen im Himmel oder im Buch der Natur eingetragen zu sein, das ergibt den gleichen Sinn. Aber was hatten die Jünger Jesu von seinen Worten verstanden? Wenn sie verstanden hätten, hätten sie sich auch bei seiner Festnahme im Garten Gethsemane anders verhalten. Denn es ist überliefert, dass ihn in diesem Moment »alle Jünger verließen und die Flucht ergriffen«.

»Auf Schlangen und Skorpionen laufen« ist natürlich ein Bild, es bedeutet den Sieg über »die Macht des Feindes«. »Und nichts wird euch etwas anhaben können«, fügte Jesus hinzu. Aber die Jünger waren nicht bereit, sie waren noch zu sehr der Erde verhaftet, zu anfällig für die Verführungen der Welt. Wie konnten sie die Festnahme ihres Meisters ertragen, der wie ein Übeltäter behandelt wurde, wo sie doch seinen Triumph erwarteten? Sie stützten sich auf eine Vorhersage des Propheten Zacharias und glaubten, dass er, der Judenkönig, kommen müsse: Stammte er nicht aus der Linie von König David? Und wenn Jesus König würde, besäße er Macht, eine Macht, die er mit ihnen teilen würde. Doch Jesus hatte überhaupt keinen irdischen Ehrgeiz. Als er vor Pilatus trat und dieser ihn fragte: »So bist du der König der Juden?«, antwortete er nur: »Du sagst es« (Jh 18,37). Für Jesus war das wirkliche Königreich das himmlische Königreich, er verwechselte nicht die vergänglichen Güter mit den spirituellen Gütern, wie man es in der Geschichte sehen kann, wo die Pharisäer ihn zur Steuer für den Cäsar befragten. Und er verwechselte auch nicht menschlichen Ruhm mit göttlichem Ruhm.[1] Wenn ihr also ein wahrhafter Schüler Jesu sein wollt, so versucht auch ihr, die Erde und den Himmel nicht zu verwechseln. Und denkt vor allem niemals, dass euch ein spirituelles Engagement materielle Vorteile bringen wird.

Manche wundern sich darüber, dass die Jünger Jesu dem Anspruch ihres Meisters nicht gewachsen waren. Sie denken sogar, sie selbst hätten an deren Stelle ein mutigeres, edleres Verhalten an den Tag gelegt. Nun, das ist nicht sicher! Es gibt für den Menschen nichts Schwierigeres, als sich von seiner niederen Natur zu befreien, denn ihre Wurzeln reichen bis in die Materie, und er fürchtet vor allem alles, was seine Sicherheit, seine Behaglichkeit, sein Prestige, usw. bedrohen könnte.[2] Man hält sich für selbstlos, stark und mutig; kommen aber die Versuchungen oder Prüfungen in unerwarteter Form, so unterliegt man.

Seinen Namen im Himmel oder im Buch des Lebens eingeschrieben zu haben, daneben verblasst alles: Macht, Reichtümer, Ruhm und Ehre... Nichts anderes, sagte Jesus, sollte uns erfreuen, und aus diesem Grunde müssen wir uns an die Arbeit machen und uns in den Dienst einer erhabenen Idee stellen: das Reich Gottes auf der Erde, damit alle Menschen in Frieden, in der Fülle und im Licht leben. Ja, alle, und nicht nur einige wenige, so wie das im Moment der Fall ist. Wie können Leute, die sich für aufgeklärt halten, diese Situation akzeptieren? Wir verkörpern nur etwas Großes und Schönes in dem Maße, wie wir für die Allgemeinheit, für die ganze Menschheit arbeiten. Daraus leitet sich unser wahrer Wert ab, denn wir werden zu Mitarbeitern Gottes.

Der Weise arbeitet für das Wohl der Kollektivität, er ist ein Arbeiter auf dem Feld des Herrn. Die lichtvollen Geister nähern sich ihm, um ihn mit ihrem Siegel zu zeichnen, und wenn er einmal gezeichnet ist, ist das so, als wäre er auf einer Liste eingetragen. Neben seinem Namen wird vermerkt, was man ihm schuldet, und jeden Tag erhält er Post, oder man könnte auch sagen einen

»Lohn«. Dieser Lohn kommt in unterschiedlicher Form zu ihm: als Kraft für den Geist, als Erweiterung für die Seele, als Licht für den Intellekt, als Wärme für das Herz, als Gesundheit für den physischen Körper. Man kann auch ein anderes Bild nehmen und sagen, dass er an einer Art Kraftwerk angeschlossen ist: Durch die Drähte, die ihn mit diesem verbinden, kommen Ströme herunter, die ihn durchdringen und seine psychischen und spirituellen Geräte in Gang setzen.

Wie viele Geräte kann man in einem Haus in Gang setzen, wenn man sie an elektrische Steckdosen anschließt! Lampen, Heizkörper, Öfen, Bügeleisen, Küchenherde, Radios, Fernseher und Waschmaschinen! Wie viele Tätigkeiten sind möglich dank des elektrischen Stromes, der von einem Kraftwerk aus verteilt wird! Dasselbe geschieht in euch, sobald eure Empfänger betriebsbereit sind. Dank des himmlischen Stroms erwacht in euch vielfältiges Leben und setzt sich in Bewegung.

Aber so viele Menschen gleichen Gebäuden während eines Stromausfalles: keine Aufzüge, keine Beleuchtung, nichts funktioniert mehr. Warum? Weil sie sich weder für den zwischen dem Himmel und ihnen gespannten Draht noch für das Buch des Lebens interessieren. Nur das Sicht- und Greifbare zählt, das Geld. Ja, aber am Ende wird ihnen das Geld hauptsächlich dazu dienen, einen guten Platz im Krankenhaus oder auf dem Friedhof zu finden.[3]

Bemüht euch, durch eure Gefühle und euer Tun am göttlichen Leben teilzunehmen und dieses Leben überall um euch herum zu verbreiten. Dann wird euer Name im Himmel eingetragen sein und es wird euch an nichts mehr mangeln. Woher sollen euch denn die himmlischen Wesenheiten, die das Buch des Lebens durchblättern, kennen und euch ihre Segnungen schicken, solange euer Name nicht eingetragen ist? Wohin sollen sie sie schicken, wenn euer Name nirgendwo da oben vermerkt ist? Aber ja, es ist genau wie hier auf der Erde: Wenn einmal euer Name bekannt und eingetragen ist, erhaltet ihr Post und Geld. Ihr kennt das sehr gut: die Versicherungen, die Pensionen, usw.

Werdet also Mitarbeiter bei der göttlichen Arbeit, Arbeiter des Reiches Gottes, damit euer Name im Buch des Lebens geführt wird. Ja, und diejenigen, die noch nichts erhalten, die sich arm, verlassen und elend fühlen, sollen wissen, dass es niemals zu spät ist, sich der Eintragung würdig zu erweisen. In den Evangelien ist überliefert, dass Jesus zwischen zwei Verbrechern gekreuzigt wurde. Doch während der eine ihn provozierte und sich über ihn lustig machte, richtete der andere, der in seiner Seele die außerordentliche Größe Jesu fühlte, folgendes Gebet an ihn: »Gedenke meiner, wenn du in dein Reich kommst.« Und Jesus antwortete ihm: »Wahrlich ich sage dir, heute wirst du mit mir im Paradies sein« (Lk 23,43).

Anmerkungen

1. Siehe Band 11 der Reihe Gesamtwerke »Der Schlüssel zur Lösung der Lebensprobleme«, Kapitel 14 »Gebt dem Kaiser, was des Kaisers ist!«.

2. Siehe Band 213 der Reihe Izvor »Die menschliche und göttliche Natur in uns«.

3. Siehe Band 12 der Reihe Gesamtwerke »Die Gesetze der kosmischen Moral«, Kapitel 15 »Lasst die Verbindung nicht abbrechen«.

Kapitel 14

Beim Festmahl

Das Alte Testament hallt wider vom Lärm göttlicher Wutausbrüche, Drohungen und Strafen. Unablässig zählt Gott Noah, Abraham, Moses, allen Herrschern und Propheten gegenüber nicht nur alle Themen auf, mit denen die Menschen Ihn ärgern, sondern schickt ihnen dazu noch Überschwemmung und Dürre, und Er lässt Blitze vom Himmel fallen, usw. Im Neuen Testament hingegen stellt Jesus Gott als einen zwar fordernden Vater dar, der jedoch voller Liebe und Mitgefühl ist. Wo liegt nun also die Wahrheit? Nur mit Hilfe von Bildern können wir uns ihr nähern.

Betrachten wir das Universum als ein Königreich mit Gott als Herrscher. In diesem Königreich regieren Gesetze und der König kümmert sich weder um deren Einhaltung noch um die Bestrafung derjenigen, die sie übertreten. Dafür gibt es Minister, Räte, Polizisten und Gefängnisse. Der König dagegen kümmert sich um große Projekte, die dem Wohlstand des Königreichs und dem Wohlbefinden seines ganzen Volkes dienen. Und dieser König, der auch barmherzig ist, kann jemanden begnadigen, der von einem Gericht für schuldig erklärt und zum Tode verurteilt wurde. Wie in den alten Erzählungen, in denen ein Verurteilter zur Hinrichtung geführt wurde und entkommen konnte. Er drang in den Königspalast ein, rannte durch alle Türen, ohne dass die Wachposten ihn aufhalten konnten, stürmte in den großen Saal, wo der König, umgeben von seinen Freunden, gerade beim Festmahl saß und rief: »Gnade, Majestät!« Und der König gewährte ihm diese Gnade. Er ordnete manchmal sogar an, dass man ihn zu Tisch bat und ihm zu essen und zu trinken brachte.

Auf dieselbe Weise geht auch der Herr vor. Ihr habt Fehler gemacht und fühlt euch innerlich schuldig; oder aber ihr fühlt euch keines besonderen Fehlers schuldig, leidet aber daran, noch so unvollkommen, so schwach, so elend zu sein? Doch vergesst nie, selbst in euren tiefsten Nöten nicht, dass Gott euch in seinem Palast erwartet. Erhebt euch bis zu Ihm hinauf, lauft schnell, um euch von allem loszulösen, was euch daran hindern kann, bis zu Ihm vorzudringen. Und was hilft euch dabei, so schnell laufen zu können? Es ist das Gebet. Das intensive, inbrünstige Gebet. Das Gebet hilft euch, all diese Hindernisse zu überspringen, alle Türen zu durchschreiten. Und wenn ihr bis zum Festsaal durchdringt, wo der Herr sich inmitten der Engel und der gerechten Seelen erfreut, sagt Er zu seinen Dienern, die den Eindringling verjagen wollen: »Nein, da ihn sein Elan bis hierher gebracht hat, hat er das Recht, sich zu uns zu setzen. Macht ihm einen Platz frei!« Und ihr werdet so angenommen, wie ihr seid.

Ich benutze hier Bilder wie in den Märchen, und dennoch sollt ihr das ernst nehmen, was ich euch hier erzähle, weil es die Wahrheit ist. Die Dinge sollten endlich klar in eurem Kopf sein: Gott regt sich über die Menschen nicht auf. Er ist nicht über sie verärgert. Er straft sie nicht, darum kümmern sich andere. Er wartet nur auf uns an Seiner Festtafel und in dem Moment, in dem wir fähig sind, zu Ihm vorzudringen, empfängt Er uns.

In der Antike gab es einen Brauch, der genau dem entspricht, was ich euch verständlich machen will. Wenn es einem verfolgten Kriminellen gelang, in das Heiligtum einer Gottheit zu gelangen, stand er unter deren Schutz. Niemand hatte das Recht, ihn festzunehmen. Dieser Brauch existierte noch bis ins Mittelalter, wo natürlich die Kirchen als Zufluchtsort dienten, und das gibt es sogar noch in unserer Zeit. Diese Tradition gründet auf demselben Wissen, das ich euch gerade darlegen will.

Auf die eine oder andere Art findet man die Wahrheiten der Einweihungswissenschaft oft in Form von bestimmten Regeln oder von Brauchtum wieder, die von den Menschen zumindest für eine gewisse Zeit eingeführt wurden. Das Asylrecht ist eine solche Anwendung dieser Wahrheit aus dem Leben im Inneren. Das bedeutet, wenn euch die Flucht zu Gott gelingt, haben weder äußere noch innere Feinde, hat niemand mehr das Recht, euch zu verfolgen. Solange ihr da oben bleibt, werden eure Verfolger auf Distanz gehalten. Deshalb: lauft, schnell! Und um sehr schnell laufen zu können, müsst ihr euch mit dem Licht verbinden. Dieses Licht wird euch helfen, euren Feinden zu entkommen und euch bis zur Festtafel projizieren, denn es ist das schnellste Geschöpf, das Gott erschaffen hat.

Diese Vorstellung von einer Festtafel, um die Gott und seine Engel versammelt sind, wird einige Gläubige überraschen. Aber lest die Evangelien und ihr werdet wiederholt darin finden, dass Jesus eben dieses Bild von der Festtafel benutzt, wie in folgendem Gleichnis:

»Es war ein Mensch, der machte ein großes Abendmahl und lud viele dazu ein. Und er sandte seinen Knecht aus zur Stunde des Abendmahls, den Geladenen zu sagen: Kommt, denn es ist alles bereit! Und sie fingen an, alle nacheinander, sich zu entschuldigen. Der Erste sprach zu ihm: Ich habe einen Acker gekauft und muss hinausgehen und ihn besehen; ich bitte dich, entschuldige mich. Und der zweite sprach: Ich habe fünf Gespanne Ochsen gekauft, und ich gehe jetzt hin, sie zu besehen; ich bitte dich, entschuldige mich. Und der Dritte sprach: Ich habe eine Frau genommen; darum kann ich nicht kommen. Und der Knecht kam zurück und sagte das seinem Herrn.

Da wurde der Hausherr zornig und sprach zu seinem Knecht: Geh schnell hinaus auf die Straßen und Gassen der Stadt und führe die Armen, Verkrüppelten, Blinden und Lahmen herein. Und der Knecht sprach: Herr, es ist geschehen, was Du befohlen hast, es ist aber noch Raum da. Und der Herr sprach zu dem Knecht: Geh hinaus auf die Landstraßen und an die Zäune und nötige sie, hereinzukommen, dass mein Haus voll werde. Denn ich sage euch, dass keinem der Männer, die eingeladen waren, mein Abendmahl schmecken wird« (Lk 14,16).

So ist es oft im Leben. Diejenigen, deren Fähigkeiten, Bildung und gesellschaftliche Stellung vermuten lassen, dass sie sich bereithielten, um an der im Himmel abgehaltenen Festtafel Gottes teilzunehmen und sich dort von Seiner Weisheit und Seiner Liebe zu nähren, die ziehen es vor, sich weiterhin nur um ihre egoistischen Interessen, ihre Geschäfte und ihre Vergnügungen zu kümmern.

Seht euch die Ausreden der Geladenen an, um nicht beim Festmahl erscheinen zu müssen: Der eine will ein Feld anschauen, das er gerade gekauft hat, der andere will schnell seine Ochsen ausprobieren, der Dritte, der gerade geheiratet hat, will lieber zu Hause bleiben. Nun, da die auserwählten Geladenen anderweitig beschäftigt sind, das Festmahl aber bereit ist, bleibt dem Hausherrn nichts anderes übrig, als loszuschicken, um wahllos Bettler, Krüppel, Blinde und Lahme, das heißt lauter Bedürftige zu holen. Warum sollte man ihnen nicht auch eine Chance geben? Und selbst wenn sie scheinbar nicht diejenigen sind, die das Festmahl zu schätzen wissen, sind nicht auch sie Söhne und Töchter Gottes? Man kann zumindest versuchen, ihr Herz zu erreichen.

Genau das tat Jesus, als er sich auf den Straßen unter die Menge mischte. Da die Schriftgelehrten, die Pharisäer, die Sadduzäer, die damals die intellektuelle und moralische Elite der Juden darstellten, seine Worte nicht hören wollten und ihn bekämpften, blieb ihm nichts anderes übrig, als die anderen zu den Festmählern des Vaters einzuladen. Und wie es in dem Text heißt, die Diener des Königs »versammelten alle, die sie fanden, Gute und Böse«.

Nun, das ist richtig, es gibt in den Evangelien eine Version, die sich von diesem Gleichnis des Festmahles ein wenig unterscheidet. Dort ist es ein König, der zum Hochzeitsmahl für seinen Sohn einlädt. Und da die Geladenen nicht kommen, befiehlt er seinen Dienern, alle zu holen, die sie auf der Straße finden können. Als der Saal voll ist, tritt der König ein und bemerkt einen Mann, der kein Hochzeitsgewand trug. Er sagt zu ihm: »Freund, wie bist du hier hereingekommen und hast doch kein hochzeitliches Gewand an?« Der Mann verstummte. Darauf sagte der König zu den Dienern: »Bindet ihm Hände und Füße und werft ihn in die Finsternis hinaus! Da wird Heulen und Zähneklappern sein. »Denn viele sind berufen, aber wenige sind auserwählt«. (Mt 22,11)

Das bedeutet, dass zwar alle Menschen zum göttlichen Festmahl eingeladen sind, aber doch bestimmte Bedingungen erfüllen müssen, um wirklich daran teilnehmen zu können. Ich habe euch gerade erklärt, dass ihr von Gott nur unter der Bedingung empfangen werdet, dass es euch gelingt, euch bis zu Ihm hinaufzuschwingen. Es ist so, als hättet ihr ein Wolkenmeer zu durchdringen, das euch die Sonne verdeckt. Sobald es euch gelingt, euch über die Wolken zu erheben, empfängt euch die Sonne, sie lächelt euch zu, ihr habt sogar das Empfinden, sie hätte auf euch gewartet. Doch um euch über die Wolken zu erheben, müsst ihr leichter werden, das heißt, alles Schwere von euch abschütteln, das euch in den dunklen Schichten des Bewusstseins zurückhält.[1] Das Hochzeitsgewand ist also das Gewand des Weisen, es symbolisiert den Zustand, den derjenige erreicht hat, der durch eigene Arbeit leichter und reiner geworden ist, um sich so zum Licht zu erheben.

Sogar im Alltag entsprechen die Kleider, die man trägt, bestimmten Aktivitäten und daher bestimmten geistigen Voraussetzungen. Wer ein Festkleid trägt, verrät nicht nur, dass er zu einem Fest geht, sondern auch, dass er in Feststimmung ist. Ebenso wie Trauerkleidung, Arbeitskleidung oder Sportkleidung und so weiter vermuten lassen, dass man sich auch in dem entsprechenden Gemütszustand befindet. Also, der Herr lädt jeden zu sich zu Tisch, sogar diejenigen, die man als nicht besonders würdig betrachten könnte, aber sie müssen sich – zumindest für einen Augenblick – darum bemühen, in Harmonie mit den Lichtwesen zu kommen, die am göttlichen Festmahl teilnehmen. Das bedeutet es, das »Hochzeitsgewand« zu tragen.

Der Herr erwartet uns an Seinem Tisch. Er hat uns alle eingeladen, aber wir müssen dennoch bestimmte Bedingungen erfüllen, um akzeptiert zu werden, genauso wie bei den Empfängen auf der Erde. Stellt euch vor, ein König lädt euch zu einem großen Festmahl ein, das er in seinem Palast ausrichtet und ihr erscheint schmutzig, mit strubbeligem Haar und in Bettelkleidung. Doch an der Tür stehen Wächter oder Wachtposten, die zu euch sagen: »Nein, das ist nicht möglich, so können Sie nicht hinein.« – »Aber ich bin eingeladen worden!« – »Mag sein, aber sind Sie sich bewusst, dass das hier der Königspalast ist? Sie können in diesem Aufzug nicht herein.« Es genügt nicht, eingeladen zu sein, man muss sich in angemessener Kleidung präsentieren. Dieses Bild entspricht auch dem Bild im biblischen Gleichnis von den fünf weisen und den fünf törichten Jungfrauen. Nur die fünf weisen Jungfrauen, die genügend Öl in der Lampe hatten, wurden vom Bräutigam beim Hochzeitsmahl akzeptiert.[2] Dieses Öl, das Klarheit bringt, hat Ähnlichkeiten mit der Aura, diesem Kleid aus Licht, dank dem wir zur himmlischen Gesellschaft zugelassen werden.[3]

Um in die Paläste des Herrn eintreten zu dürfen, müssen wir also ein inneres Kleid tragen, eine reine und leuchtende Aura, und sogar – wieso nicht? – Schmuckstücke: Halsketten, Armbänder, Diademe, usw., denn Edelsteine und Perlen sind Symbole göttlicher Tugenden. Man darf niemals die symbolische Bedeutung all dieser verschiedenen Festgewänder und des Schmuckes aus dem Blick verlieren, denn sie dienen nicht nur zur Zierde, dazu bestimmt, ihrem Träger ein besseres Aussehen zu verleihen. Deshalb werden sie auch in der Bibel und in allen heiligen Büchern erwähnt.

Fertigt euch selbst Halsketten an, wenn ihr Zeit habt. Fädelt Perlen in der Farbe und in der Form auf, die euch gefallen. Was die Anzahl betrifft, so kann es eine symbolische Zahl sein: 22, 36, 72, 108, 144 usw. Aber das ist nicht das Wichtigste. Das Wichtigste ist, dass ihr begreift, dass die Herstellung einer Kette ein sinnerfüllter Akt ist: Der Faden ist euer Gedanke, der die machtvollen Wesenheiten, repräsentiert durch die Perlen, miteinander verbinden muss. Was die Nadel betrifft, so stellt sie euren Willen dar, der den Gedanken nach sich zieht. Und wenn ihr euch eine Halskette umlegt, ob sie nun von euch selbst hergestellt ist oder nicht, dann seid euch bewusst, dass ihr einen Gegenstand tragt, dem eine spirituelle Bedeutung innewohnt.

Entgegen den anhaltenden Bekräftigungen der meisten Religionen, wird Gott niemals durch die Schwächen und Fehler der Menschen gestört. Der Gipfel, auf dem Er sich befindet, ist wie ein sehr hoher Turm, wo weder ihr Lärm noch ihr Durcheinander Ihn erreichen können. Alles, was dunkel, unrein, disharmonisch ist, prallt ab und wird zermalmt. Für uns befindet sich dieser hohe Turm, der für den Lärm, das Durcheinander und die Leiden der Erde unerreichbar ist, im Kausalkörper.[4] Wenn wir den Gipfel erreichen, begegnen wir Gott in uns. Aber diese Vereinigung kann sich nur nach langer Arbeit und unermesslichen Anstrengungen vollziehen.

Es kann auch vorkommen, dass wir in einem Augenblick, in dem wir es am wenigsten erwarten, in den Himmel projiziert werden, aber das ist selten. Und dann nehmen wir am göttlichen Festmahl teil. Natürlich möchten wir für immer dableiben, aber das ist nicht möglich, weil es uns noch nicht gelungen ist, uns zu befreien. So vieles hält uns noch an die Welt da unten gebunden! Denn der Himmel gewährt uns diese Gnade nur aus dem Grunde, uns eine Ahnung, ein Vorgefühl von diesem weiten Raum des Lichtes zu gewähren. Und es ist unsere Bestimmung, dass wir eines Tages dort leben werden.

Wenn im Herbst die Bäume allmählich ihre Blätter verlieren, dann wisst ihr, dass der Winter naht. Und wenn im Winter die Schneeglöckchen zu blühen beginnen, verkünden sie euch die Ankunft des Frühlings. So wie in der Natur erscheinen auch in eurer Seele Vorzeichen, und ihr müsst lernen, sie zu erkennen und sie zu entziffern.

Anmerkungen

1. Siehe Band 10 der Reihe Gesamtwerke »Sonnen-Yoga - Die Herrlichkeit von Tiphereth«, Kapitel 10: »Steigt über die Wolken!«.

2. Siehe Band 217 der Reihe Izvor »Ein neues Licht auf das Evangelium«, Kapitel 9: »Das Gleichnis von den fünf törichten und den fünf klugen Jungfrauen«.

3. Siehe Band 309 der Reihe Broschüren »Die Aura«.

4. Siehe Band 222 der Reihe Izvor »Die Psyche des Menschen«, Kapitel 10: »Der Kausalkörper«.

Vom selben Autor
Taschenbuchreihe Izvor

200 Hommage an Meister Peter Deunov
201 Auf dem Weg zur Sonnenkultur
202 Der Mensch erobert sein Schicksal
203 Die Erziehung beginnt vor der Geburt
204 Yoga der Ernährung
205 Die Sexualkraft oder der geflügelte Drache
206 Eine universelle Philosophie
207 Was ist ein geistiger Meister?
208 Das Egregore der Taube –
Innerer Friede und Weltfriede
209 Weihnachten und Ostern in der Einweihungslehre
210 Die Antwort auf das Böse
211 Die Freiheit, Sieg des Geistes
212 Das Licht, lebendiger Geist
213 Die menschliche und göttliche Natur in uns
214 Liebe, Zeugung und Schwangerschaft
215 Die wahre Lehre Christi
216 Geheimnisse aus dem Buch der Natur
217 Ein neues Licht auf das Evangelium
218 Die geometrischen Figuren und ihre Sprache
219 Geheimnis Mensch. Seine feinstofflichen
Körper und Zentren
220 Der Tierkreis, Schlüssel zu Mensch und Kosmos

Vom selben Autor

Reihe Gesamtwerke

1	Das geistige Erwachen
2	Die spirituelle Alchimie
3	Die beiden Bäume im Paradies
4	Das Senfkorn – Symbole im Neuen Testament
5	Die Kräfte des Lebens
6	Die Harmonie
7	Die Reinheit, Grundlage geistiger Kraft
8	Sprache der Symbole, Sprache der Natur
9	»Im Anfang war das Wort«
10	Sonnen-Yoga, Surya-Yoga
11	Der Schlüssel zur Lösung der Lebensprobleme
12	Die Gesetze der kosmischen Moral
13	Die neue Erde
14/15	Liebe und Sexualität (Doppelband)
16	Alchimie und Magie der Ernährung – Hrani-Yoga
17/18	Erkenne Dich selbst – Jnani Yoga (Doppelband)
19-22	*Wird nicht ins Deutsche übersetzt*
23/24	Eine neue Religion (Doppelband)
25/26	Der Wassermann und das Goldene Zeitalter (Doppelband)
27	Die Pädagogik in der Einweihungslehre, Band 1
28/29	Die Pädagogik in der Einweihungslehre, Band 2 und 3 (Doppelband)
30/31	Leben und Arbeit in einer Einweihungsschule
32	Die Früchte des Lebensbaums

Vom selben Autor

Reihe Broschüren

301 Das neue Jahr
302 Die Meditation
303 Die Atmung
304 Der Tod und das Leben im Jenseits
305 Das Gebet
306 Musik und Gesang im spirituellen Leben
307 Das hohe Ideal
308 Das Osterfest – Die Auferstehung und das Leben
309 Die Aura
310 In die Stille gehen
311 Wie Gedanken sich in der Materie verwirklichen
312 Die Reinkarnation
313 Das Vaterunser
314 Das Gesetz der Gerechtigkeit und das Gesetz der Liebe
315 Die Quelle des Lebens
316 Die Nahrung, ein Liebesbrief des Schöpfers
317 Die Kunst und das Leben
318 Die wesentliche Aufgabe der Mutter während der Schwangerschaft
319 Die Seele, Instrument des Geistes
320 Menschliches und göttliches Wort
321 Weihnachten und das Mysterium der Geburt Christi
322 Die spirituellen Grundlagen der Medizin
323 Meditationen beim Sonnenaufgang
324 Der Friede, ein höherer Bewusstseinszustand
325 Das Ideal des brüderlichen Lebens
326 Die ganze Schöpfung wohnt in uns
327 Der Preis der Freiheit

Reihe »Gedanken für den Tag«

Das Taschenbuch »Gedanken für den Tag« enthält für jeden Tag des Jahres ein Zitat von Omraam Mikhaël Aïvanhov als geistige Anregung und Begleiter für den Alltag. Es ist eine gute Meditationshilfe und auch als Geschenk bestens geeignet. Das Buch erscheint jährlich mit neuen Texten und ist einer unserer Bestseller. Ausgaben aus vergangenen Jahren sind ebenfalls noch erhältlich.

Auf unserer Internet-Seite können Sie alle Tagesgedanken ab dem Jahr 2005 lesen (www.prosveta.de, www.prosveta.ch, www.prosveta.at). In diesen mehr als 6.000 Tagesgedanken können Sie mit der Hilfe der Suchfunktion nach Themen oder Begriffen Ihrer Wahl suchen.

Biografien und Bildbände

200 Hommage an Meister Peter Deunov
901 Kurzbiografie »Die schöne Geschichte von einem Meister«
902 Licht am Horizont – Die ersten Schüler von Omraam Mikhaël Aïvanhov erzählen
903 Biografie »Der Weg des Lichtes«
904 Das Geheimnis des Lichts: Leben und Lehre von Omraam Mikhaël Aïvanhov (nur als E-Book)
909 Autobiografie – Band 1
940 Bildband O. M. Aïvanhov
941 Die Botschaft der Blumen
942 Die Sterne: Was sie uns lehren

Übungsbücher – Reihe Stani

Omraam Mikhaël Aïvanhov hat in seinen Vorträgen viele praktische Übungen und Methoden empfohlen, die den Menschen helfen, ihren Alltag sinnvoll zu bereichern. Diese Übungen sind erprobt, wirksam, einfach und leicht im Alltag integrierbar. Ihr Ziel ist es, die Gesundheit von Körper, Seele und Geist des Menschen zu fördern und ihn in seiner Weiterentwicklung zu unterstützen. Die Bücher enthalten anschauliche Farb-Abbildungen, Fotos, Tabellen und Diagramme, welche das Verständnis und die Umsetzung der Übungen noch erleichtern.

905	Die Gymnastik-Übungen – Sinn, Ablauf und Entsprechung zu heiligen Symbolen (mit DVD)
906	Erhebende Gedanken – Die Meditation
907	Das Licht und die Farben – Kräfte der Schöpfung
908	Vom Sinn des Betens – Erklärung und Gebete

Außerhalb der Buchreihe Stani empfehlen wir Ihnen auch noch Band 13 der Buchreihe Gesamtwerke »Die Neue Erde – Anleitungen, Übungen, Sprüche, Gebete«. Dieses Buch enthält Übungen zu weiteren Gebieten des täglichen Lebens.

Verlags-Auslieferung

Éditions Prosveta S.A.
B.P. 12 – F-83601 Fréjus Cedex (France)
Tel. (33) 04 94 19 33 33, Fax (33) 04 94 19 33 34

Deutschland
Prosveta Verlag GmbH
Grabenstr. 14, 78661 Dietingen
Tel. 07427-3430
E-Mail: kontakt@prosveta.de
Internet: www.prosveta.de

Österreich
Harmoniequell Versand
Ulmenweg 8, 5302 Henndorf
Tel. und Fax 06214 7413
E-Mail: info@prosveta.at
Internet: www.prosveta.at

Schweiz
Éditions Prosveta
1808 Les Monts-de-Corsier 13
Tel. 021 9219218, Fax 021 9229204
E-Mail: editions@prosveta.ch
Internet: www.prosveta.ch

Auslieferungsadressen für weitere Länder finden Sie unter
www.prosveta.de/informationen/bestelladressen